MW01053111

SINERGÉTICOS

Sinergéticos

La sinergia puede transformar tu vida

© Jorge Serratos.
Todos los derechos reservados.
DR © Was Editorial, S. de R. L. de C. V.
Escolásticas 443, Jardines de la hacienda, Querétaro, Qro.
76180. México.
www.waseditorial.com

Primera Edición: mayo, 2023.
ISBN pasta dura: 978-607-59620-7-8
ISBN pasta blanda: 978-607-59890-5-1
Dirección editorial: Rebeca González.
Diseño editorial: Alexis Hernández, Rebeca González.
Corrección de estilo: Joaquín Sousa.
Ilustraciones: Karen Yanez, Omar Salazar.
Producción Editorial: Juan Carlos Barrios.

Impreso en México / Printed in Mexico.

Jorge Serratos

SINERGÉTICOS

La sinergia puede transformar tu vida

AGRADECIMIENTOS

A mi amada esposa Ana Fernanda —Darla, como le digo de cariño—, por siempre apoyarme en cada proyecto y en cada una de las locuras que he emprendido. Por hacer sinergia conmigo y recordarme todos los días que: $1+1=3$.

A mis hijas, Ximena y Valeria, por ser el regalo más bonito que me ha dado la vida. Por darme la bendición de ser padre y por ser mis maestras todos los días. Por si el día de mañana no estoy, encuentren en este libro una guía para ser buenas personas.

A mi mamá, mis hermanos y mi familia, por todo su apoyo y amor incondicional.

A mi padre, porque gracias a los desafíos que nos puso la vida, aprendí con él lecciones valiosas sobre el perdón y la reconciliación.

A mi compadre, socio y amigo, Memo, por su confianza, apoyo, cariño y respeto. Por ayudarme a vivir una vida de grandeza, por idear y armar el movimiento Sinergético que ha transformado y seguirá transformando muchas vidas más.

A mis socios y líderes que integran Grupo Serlo y mis demás empresas. Sin su trabajo, liderazgo y sinergia, sería imposible impactar tantas vidas como lo estamos haciendo.

A cada uno de los "ángeles" que han guiado mi vida, sin su sinergia, jamás hubiera llegado hasta donde estoy.

A ti, querido lector, por creer en ti y atreverte a hacer una diferencia en este mundo.

ÍNDICE

Prólogo
13

Introducción
16

01.
Sinergia
26

02.
Si yo pude,
tú puedes
42

03.
De pandillero
a universitario
70

04.
Mentalidad
86

05.
Tu repetición
es tu
reputación
116

06.

Auto conocimiento

132

07.

Conectando con los demás

158

08.

Capital social

174

09.

Sintonizando con el corazón

202

Somos sinergéticos

222

PRÓLOGO

En las páginas que estás a punto de leer, querida lectora, querido lector, te sumergirás en la inspiradora travesía de un hombre que experimentó las turbulencias más desafiantes de la vida y emergió de ellas con una profunda comprensión: que la sinergia, la colaboración, el trabajo en equipo y la conexión, pueden ser la clave para transformar toda una vida.

Este libro, titulado *Sinergéticos,* es el testimonio de Jorge Serratos, entrañable, admirable y gran amigo, a quien tuve el honor de certificar en *El arte de hablar en público*, de donde nació una gran amistad entre los dos. Ahí supe que su camino estuvo lleno de adversidades, a menudo aparentemente insuperables. Este es un relato de luces y sombras, de luchas y victorias y otros de esperanza resplandeciente. Si algo caracteriza al autor, es su gran capacidad para aprender de la adversidad y convertirse en un hombre resiliente, un hombre más fuerte después del dolor.

A través de estas páginas, Jorge nos lleva de la mano por los recovecos de su mente y de su corazón, compartiendo sus miedos más profundos, sus dudas y sus logros más preciados.

Nos muestra cómo enfrentó la adversidad, cómo encontró fuerza en la comunidad y cómo, a través de la sinergia con otros seres humanos y algunos personajes importantes en su vida a quien les llama "sus ángeles", descubrió el camino hacia una vida más plena y significativa.

De aquí nació su filosofía de sinergia de $1+1=3$ que ha crecido enormemente durante los últimos años y desea expandir por todo el mundo con la esperanza de que miles de personas la abracen como su modelo de vida.

De hecho, para Jorge, la sinergia más poderosa es la que perdura en el tiempo, $1+1=3$ puede ser 4, 5 o 10, vaya, puede ser exponencial, porque como él dice, la sinergia no suma, multiplica, y aquí es donde nos damos cuenta de que, trabajar juntos, puede llevarnos a resultados mejores y más efectivos que trabajar solos.

Las lecciones contenidas en este maravilloso libro, no solo son relevantes para el autor, sino para cada uno de nosotros, ya que todos enfrentamos desafíos en nuestras vidas. A través de las experiencias de Jorge Serratos aprendemos que, en medio de la oscuridad, podemos encontrar la luz de la cooperación y la conexión con otros, y que esta sinergia puede transformar no solo nuestras circunstancias, sino también nuestro propio ser.

A medida que te sumerjas en estas páginas, te invito a abrir tu mente y tu corazón, a las lecciones de resiliencia, empatía y unión que Jorge tiene para ofrecer. Permítete ser inspirado y motivado por su historia de superación, y descubre cómo la sinergia puede transformar tu vida.

Dejo en tus manos la sinergia más poderosa, $1+1=3$. Aprovéchala y llévala contigo todos los días de tu vida. Serás inmensamente recompensado, porque finalmente, todos podemos y debemos ser ¡Sinergéticos!

Dr. César Lozano
Conferencista Internacional, escritor y conductor de radio y televisión.

INTRODUCCIÓN

Comprender la verdadera naturaleza del destino y cómo los giros inesperados de la vida pueden cambiar el rumbo de nuestras acciones es una experiencia que a menudo se manifiesta en los momentos menos predecibles. En mi caso, ese instante llegó el 22 de enero de 2023, un día que marcó un punto de inflexión en mi travesía hacia la realización de este, mi primer libro.

Durante los dos años anteriores, había estado obsesionado con la idea de escribir un libro que abordara los conceptos fundamentales de la construcción de una "marca personal". Junto con mi equipo, habíamos invertido innumerables horas estructurando meticulosamente los temas que abarcaría esta obra. Cada pieza del rompecabezas estaba en su lugar y parecía que estábamos a punto de iniciar la fase de edición y publicación.

Sin embargo, como a menudo sucede en la vida, el destino tenía otros planes para mi primer libro. Había compartido un día intenso de conferencias junto a dos líderes extraordinarios, Juan Carlos y Favy Iturriaga, a quienes aprecio profundamente.

Mi siguiente destino era Puerto Vallarta, donde tenía programada una reunión importante para firmar un fideicomiso. Con mi amigo Juan Carlos Barrios a mi lado, nos dirigimos al aeropuerto después del evento en Querétaro.

Al llegar al módulo de registro, me informaron que mi vuelo se había retraso de un par de horas. Pacientemente, aguardé durante ese tiempo, creyendo que todo estaba bajo control. Sin embargo, cuando me acerqué al control de acceso para abordar, me dijeron que ya no podía pasar, porque mi avión ya había partido.

Resulta que el retraso había sido en realidad de una hora, y aunque al parecer lo anunciaron por el altavoz, jamás lo escuché. Esa fue la primera vez que perdí un vuelo en toda mi vida. Al principio estaba desconcertado, pero soy de la idea de que todo ocurre por algo, y esta ocasión no fue la excepción.

A veces, la vida nos lanza desafíos y obstáculos en nuestro camino, como oportunidades de aprendizaje y crecimiento. Esta experiencia de perder mi vuelo fue un recordatorio de que, en ocasiones, las circunstancias pueden forzarnos a detenernos, a reflexionar y a considerar nuevos caminos que quizás nunca habríamos explorado de otra manera.

Gracias a que no hubo más vuelos ese día, me quedé una noche más en Querétaro; este fue uno de los regalos más iluminadores que me ha dado la vida, ya que me permitió tener una profunda plática con mi amigo Juan Carlos Barrios y su equipo editorial, sobre cuál debería ser el rumbo de mi primer libro. No solo hubo un cambio de dirección, también fue un momento de profunda sinergia. Ese día, con el concepto de $1+1=3$, nació la idea de formar juntos algo mucho más grande. Tomé la decisión de asociarme con mi amigo Juan Carlos Barrios, y sumarme a la hermosa visión de Was Editorial de transformar al mundo a través de los libros y promover la lectura. Entendí algo muy importante: si lejos de beneficiarme, ayudo a que alguien más construya su sueño, al mismo tiempo que construyo el mío, podemos juntos edificar un legado que ayude al desarrollo de mejores seres humanos.

Después de escucharlos por varias horas, me di cuenta de que mi libro podía convertirse en algo aún más significativo y valioso. Mi obra comenzó a tomar otra dirección. Comprendí que, para que una persona pueda crear una marca personal potente, es indispensable contar primero con las herramientas que le ayuden a desarrollar su potencial, descubrir sus talentos y ampliar su consciencia, de tal manera que primero esté bien consigo mismo, para después aportar valor a los demás, y así generar sinergia.

Esta charla fue decisiva para la creación del libro que hoy tienes en tus manos. En estas páginas encontrarás todo el proceso previo a la creación de mi marca personal. Aquí se detallan los pilares que han dado sentido a mi existencia y, sobre todo, se explora la filosofía de sinergia de $1+1=3$ que deseo expandir al mundo, con la esperanza de que miles de personas la abracen como su modelo de vida. Además, descubrirás cómo la repetición de hábitos correctos puede transformar tu destino. Encontrarás herramientas precisas para mejorar tu mentalidad, y comprender que, "si lo puedes creer, lo puedes crear". También explorarás la importancia de desarrollar tu capital social y aprenderás cómo conectar asertivamente con los demás, comprendiendo que el primer paso es sanar y conectar contigo mismo.

Todos necesitamos de alguien más para sobrevivir, los humanos somos seres sociales, y la habilidad de crear sinergia ya se encuentra instalada en nuestro ADN como instinto de supervivencia; es parte de nuestro sistema operativo: sin la sinergia no podemos funcionar, y nos destruimos entre nosotros.

Si nos remontamos al inicio de la humanidad, podemos ver cómo los cavernícolas lo entendían muy bien. Para cazar un mamut, por ejemplo, necesitaban trabajar en equipo.

Sin ser la especie más fuerte ni la mejor dotada, como humanidad, pudimos sobrevivir gracias a la capacidad de trabajar juntos; de hacer comunidad.

Desafortunadamente, existe la llamada mentalidad de cangrejo. La metáfora se refiere a una cubeta con cangrejos, de la que estos animales pueden escapar con facilidad. Sin embargo, se sabotean agarrándose entre ellos, en una competencia inútil para que ninguno pueda escapar, asegurando la destrucción del colectivo.

La analogía en el comportamiento humano afirma que los miembros de un grupo intentarán disminuir la importancia de cualquier miembro que logra éxito más allá de los demás, por envidia, despecho o sentimientos competitivos para detener su progreso.

Lo cierto es que debemos dejar de vernos como competencia. Parte de evolucionar como personas es aprender a dominar esos sentimientos y heridas. Comprender que la única forma de llegar lejos es caminando en equipo.

Como asegura el historiador y escritor Israelí, Yuval Noah: "El trabajo colectivo es la razón principal por la que el *Homo sapiens* sobrevivió, y los demás homínidos no".

No obstante, pareciera que ese "nosotros" de nuestros antepasados se ha convertido, con el paso del tiempo, en un "yo". Hemos creado una cultura egoísta donde, en ocasiones, nos cuesta trabajo anteponer el bien colectivo a nuestro interés individual.

En México, incluso, tenemos algunos dichos populares que resaltan precisamente lo opuesto a la sinergia. Frases como: "De que lloren en mi casa, a que lloren en la tuya, mejor que lloren en la tuya", "Primero mis dientes que mis parientes"; "El que se fue a la villa, perdió su silla"; "Hay que chingar al de enfrente, que el de atrás chingando viene"; "El que tiene más saliva come más pinole". Esto nos muestra una visión muy egoísta, que no obstante, representa una manera de pensar y actuar profundamente arraigada en nuestra sociedad.

La cultura individualista me ha hecho ruido desde que tengo memoria. Me considero una persona con habilidades naturales para hacer sinergia, y siempre trato de buscar el bien común por encima de mi beneficio.

Me preocupo genuinamente por aportar valor a la vida de los demás, al igual que lo hicieron conmigo. Durante mi infancia y adolescencia, seres maravillosos —mis ángeles, como yo los llamo—, hicieron sinergia conmigo y le dieron un giro completo a mi destino.

Gracias a ellos, y a que he aplicado efectivamente la sinergia como una forma de vida, actualmente soy CEO de Grupo Serlo. Tengo varias empresas, una maestría en Valuación, otra en Derecho Corporativo y una más en Marketing E-comerce. Soy doctor en Derecho y en Educación; no obstante, los dos mayores honores que he recibido en mi vida: que mis estudiantes me hayan elegido en 28 ocasiones como padrino de generación, y haber sido nombrado doctor honoris causa por la creación del movimiento Sinergético.

Si bien la idea de que todos estamos conectados, puede parecer abstracta, hay evidencia científica que respalda esta afirmación. Algunos estudios han demostrado que las emociones de una persona pueden afectar a quienes la rodean, y que la empatía y la compasión son habilidades que pueden desarrollarse a través de la práctica.

Asimismo, cuando lastimamos a otros, dañamos la misma fuente de la que provenimos, además de afectar la estructura social y las relaciones que son esenciales para nuestra supervivencia y bienestar.

Te invito a que me acompañes a través de estas páginas, y de la mano descubramos que trabajar juntos puede llevarnos a mejores y más efectivos resultados que trabajar solos, porque el bien individual está en el bien común.

Nuestras acciones, decisiones y comportamientos tienen un impacto en el entorno que nos rodea. Si buscamos únicamente nuestro propio bienestar sin considerar el bienestar de los demás, podemos generar desequilibrios, desigualdades y conflictos.

Al actuar en beneficio de la comunidad y promover el bienestar colectivo, contribuimos también a nuestro propio bienestar a largo plazo. Esto se debe a que vivimos en un entorno interdependiente, en el que nuestras vidas y oportunidades están influenciadas por el bienestar de los demás.

La colaboración y las relaciones saludables nos brindan un sentido de pertenencia, apoyo y conexión humana. Al contribuir al bienestar de los otros, cultivamos relaciones positivas y un sentido de significado en nuestras vidas.

El propósito de esta lectura es que, al terminarla, tengas claras las acciones para transformarte en un ser Sinergético. Primero, estando en paz contigo mismo; ese sentimiento de bienestar que experimentamos a través del autoconocimiento y el perdón, al hacer las paces con el pasado y no arrastrar ira, tener un amor propio elevado y vivir en conexión con el presente. Después, agregar valor a los demás con el fin de expandir y potenciar tu capital social: identificar y conectar efectivamente con las personas correctas.

Asimismo, la intención de estas páginas es que te comprometas a voluntad para construir relaciones poderosas que te ayuden a ampliar tu contexto, tener mejores oportunidades, convertirte en un ser humano dispuesto a evolucionar y a mostrar tu mejor versión, con el fin de que juntos podamos contribuir y ser parte de un cambio cultural a nivel mundial.

Es claro que nadie puede aportar lo que no tiene. Los verdaderos cambios en la sociedad se producen cuando las personas cambian. Para transformar al mundo, primero debemos transformarnos a nosotros mismos. No podemos desear la paz mundial, si no trabajamos primero en nuestra paz interior.

> "¿Acaso puede un ciego guiar a otro ciego? ¿No caerán los dos en el hoyo?".
>
> —Lucas 6:39

Los grandes cambios se generan a través de pequeñas acciones sostenidas en el tiempo.

Rosa y Bernarda, dos hermanas de la localidad de La Patrona, en el municipio de Amatlán de los Reyes, Veracruz, estaban un 14 de febrero de 1995 con sus bolsas del mandado en mano, esperando a que pasara el tren para cruzar la vía hacia su casa. Cuando vieron que, de los vagones, colgaban personas que les rogaban para que les dieran comida porque tenían hambre. Ellas no sabían que se trataba de inmigrantes centroamericanos que se subían al tren de carga conocido como "La Bestia", para intentar llegar a la frontera con Estados Unidos. Sin más, decidieron lanzar las bolsas de alimentos que acababan de adquirir. A partir de ese momento, continuaron haciéndolo todos los días. Al ver, que el número de migrantes cada vez aumentaba, decidieron —junto con su madre y otra hermana— cocinar diariamente para dales un poco de lo que ellas tienen.

Con el tiempo, estas mujeres se convirtieron en Las Patronas, un grupo de 14 mujeres del pueblo, que todos los días preparan arroz y frijoles para los miles de inmigrantes que se juegan la vida a bordo de "La Bestia".

Formadas en fila junto a las vías del tren, reparten comida y agua. Les lanzan botellas de plástico atadas con una cuerda de rafia, y bolsas que contienen panes con arroz y frijoles.

Trabajan todo el año, de noche y de día. Siempre están para dar algo de alivio a los inmigrantes centroamericanos, que sufren mil y una adversidades en su peregrinaje hacia Estados Unidos.

Se han convertido en un símbolo de solidaridad. Al principio, su labor era más improvisada. Hoy, la organización y el espacio de trabajo han cambiado; se asignan las tareas y responsabilidades entre ellas. Estas veracruzanas han recibido varios reconocimientos por parte de organizaciones estatales de derechos humanos, fundaciones extranjeras, y su historia ha sido reproducida en varios documentales. En 2013, fueron galardonadas con el Premio Nacional de Derechos Humanos de México, reconocimiento otorgado por el gobierno federal a las personas que se han destacado en la promoción y defensa de los derechos fundamentales.

Las Patronas, dirigidas por Norma Romero, Bernarda, y Rosa, no esperaron a que el mundo cambiara para tomar acción. Dieron ese primer paso, al que se han sumado más mujeres, así como diversos empresarios y organizaciones, con el fin de aportar donativos para que esta hermosa labor de sinergia continúe, como un acto de amor hacia la humanidad.

Video de las Patronas

Mi deseo más profundo es que comprendas el significado de **1+1= 3** y seas capaz de reconocer en tu propia historia de vida la esencia de la sinergia.

"Solos somos una gota, juntos somos un océano".

—Ryunosuke Satoro

Capítulo 1

SINERGIA

> Cuando las arañas
> tejen juntas, pueden atar
> a un león.
>
> –Proverbio etíope

En la escuela nos enseñan a sumar de manera lineal: **1 + 1 = 2**; sin embargo, en la vida no funciona así. Si le preguntas a mi hija Ximena, de 4 años, cuánto es **1 + 1**, ella responde entusiasmada y sin dudarlo: "3, ¡sinergéticos!". Estoy preocupado de que cuando vaya a la primaria le pongan cero por no saber sumar, pero estoy feliz de haber hecho un buen trabajo como padre. Cuando le pido a Ximenita que me explique por qué **1+1= 3**, me responde: "Porque compartir es bueno, papito".

Mi hija, a sus cuatro años, ya entiende que compartir es lo más importante y valioso de la vida.

1+1=3 es posible gracias al efecto que se produce cuando dos o más elementos se combinan y crean un resultado que es mayor que la suma de sus partes.

Esto es muy evidente en la pintura; al combinar diferentes colores primarios, se puede obtener una amplia gama de tonalidades y matices, creando un resultado más impactante que los colores individuales por separado.

Lo mismo pasa con un reloj, sus piezas por separado no podrían jamás indicar la hora.

Otro claro ejemplo es la aleación, es decir, la combinación de varios elementos, de los cuales, al menos uno es un metal. Por ejemplo, el bronce —usado para la fabricación de diversos artefactos— fue la primera aleación de importancia obtenida por el hombre. Fue descubierta al combinar el cobre y el estaño en un horno de carbón vegetal. El uso masivo del bronce provocó cambios y desarrollos culturales tan significativos que, incluso, dio nombre a la Edad de Bronce, el periodo de la historia comprendido entre el año 3300 y 1300 antes de Cristo.

Otra aleación que revolucionó el curso de la historia es el acero, la combinación de hierro y carbono. El acero provocó una mejora significativa de las herramientas de la agricultura y las armas.

Aleación implica que al combinar elementos obtienes resultados a los que antes era imposible llegar.

Como afirma Roberto Martínez en su libro *Creativo:* "Si sumas dos partes, el resultado no será la suma de estas dos partes, sino que será su suma, más la interpretación del creativo de cada parte y de su combinación. Eso provoca que el resultado sea algo completamente nuevo y mayor que la suma de sus dos partes originales, pues el resultado lleva consigo las dos partes sumadas, más un proceso mental de conexiones y experiencias pasadas e influencias del creativo. Dando así que **1+1= 3**".

En el libro *Los 7 hábitos de la gente altamente efectiva*, Stephen R. Covey menciona que: "La sinergia es la actividad superior de la vida que cataliza las más grandes energías del interior de la persona. Significa que el todo es más que la suma de sus partes".

El esfuerzo de un grupo de personas siempre vale más que el de un individuo. Ray Kroc, el fundador de McDonald's, una vez afirmó:

> "Ninguno de nosotros es tan importante como todos nosotros juntos".

Cuando nacemos, los seres humanos dependemos de otros para subsistir, necesitamos ayuda para cubrir nuestras necesidades básicas. Sin la atención y el cuidado adecuado, los bebés no podrían sobrevivir.

A medida que crecemos, seguimos necesitando la interacción y el apoyo de los demás. Desarrollamos habilidades sociales, emocionales y cognitivas a través de nuestras relaciones con familiares, amigos y la sociedad en general.

1+1= 3 cobra importancia cuando nos damos cuenta de que, trabajar juntos, puede llevarnos a resultados mejores y más efectivos que trabajar solos.

Aunque seamos capaces de hacer las cosas solos, los beneficios del esfuerzo de dos o más personas trabajando en conjunto para lograr los mismos objetivos, siempre serán mayores.

Trabajar en equipo es una meta que se vuelve compleja cuando existen desacuerdos, y los protagonistas no logran llevar a la práctica el ideal de esta colaboración, es decir, el logro de un objetivo compartido.

1+1= 3 es la mejor representación de sinergia. Aunque esta es una palabra que hemos escuchado al menos una vez en nuestra vida, realmente, no conocemos la profundidad de su significado y todo lo que implica.

La palabra proviene del latín *synergia*, derivada de la palabra griega *synergos* que significa "trabajar juntos" o "colaborar".

La sinergia es la base de todo y la clave para el trabajo en equipo. Es uno de los mandamientos diarios en todo lo que hacemos.

Tomemos este ejemplo: si tomamos un lápiz, veremos lo fácil que es romperlo por la mitad; si tomamos dos, aún es sencillo, pero si tomamos diez lápices, resulta imposible romperlos con las manos. Ahí radica el poder de la sinergia, y esta se vuelve indispensable para abordar los desafíos y aprovechar de mejor manera las oportunidades que la vida nos presenta en un mundo cada vez más interconectado y complejo.

Para mí, la sinergia implica tres acciones fundamentales: compartir, comprender que el bien individual está en el bien común y ser un eslabón en la cadena de favores.

> "El talento gana partidos, el equipo gana campeonatos".
>
> —Michael Jordan

¿Cómo nació 1+1= 3 aplicado al movimiento sinergético?

Mi compadre, gran amigo y socio, Guillermo, fue la persona clave, quien tuvo la visión de lo que podíamos crear. Ambos somos abogados corporativos, él es notario público y tiene una notaría en Nuevo Vallarta. Trabajando juntos, nos dimos cuenta de la importancia que tiene el ecosistema inmobiliario.

En aquel momento, yo estaba estudiando para ser corredor público —profesional del Derecho que funge como agente mediador, perito valuador, asesor jurídico, árbitro y fedatario público.

Un día, mi compadre me citó para decirme: "Jorge, para qué quieres ser corredor público, yo ya soy notario público, las sociedades son polos opuestos en coexistencia".

Me hizo ver que el camino para crecer era que me especializara en *marketing* digital y aprendiera a vender en redes sociales. Me dijo: "Hoy, todo el mundo tiene un teléfono en la mano, y el dinero está donde las personas ponen su atención".

Debo confesar que al principio no me gustó la idea, pero acepté; si algo he aprendido en mi vida es que si una persona ya tiene resultados y visión, no hay que rechazar sus consejos.

Me puse a estudiar *marketing* digital y comenzamos a dar nuestros primeros pasos en el mundo de las redes sociales, con un proyecto llamado *Jóvenes abogados corporativos*, donde entrevistábamos a magistrados, notarios, corredores y abogados. Con el tiempo, este evolucionó convirtiéndose en JAC7, un programa donde conversábamos con emprendedores, empresarios y personas de negocios, con el fin de captar seguidores.

Al poco tiempo, nos dimos cuenta de que este proyecto no tenía la fuerza necesaria para crecer exponencialmente y, para ello, requeríamos una nueva estrategia: potenciar una marca personal. Nos pareció que la persona más indicada en ese momento para hacerlo, debido a su trayectoria, era justamente mi amigo y socio. Él es notario y proviene de una familia con renombre; su tío abuelo se encuentra en la rotonda de los jaliscienses ilustres. En efecto, su figura tenía el peso necesario para construir una marca personal potente.

Así, comenzamos a grabarlo para armar todo el material digital; sin embargo, al poco tiempo, el proyecto dio un giro de 180 grados, cuando compartí con mi gran amigo algo que nadie sabía. Con mucho miedo, me atreví a contarle todo lo que me había sucedido en la infancia y adolescencia. Mi compadre Memo me hizo ver el poder que había detrás de lo que me ocurrió. No solo porque había salido avante de cada situación, sino porque yo era, inconscientemente, fruto de lo que significaba la cooperación, el trabajo en equipo y la ayuda mutua.

Me dijo: "Jorge, tu historia es muy poderosa y le puede ayudar a mucha gente. Eres tú quien debe estar al frente y ser la cara del proyecto".

Lo que había vivido, hoy podría tener un significado distinto. Me pidió que abriera mi mente a la posibilidad de compartir con los demás lo que me sucedió. Él estaba convencido de que mi historia era el vehículo idóneo para transmitir el mensaje correcto de integración, y hacer sinergia con todo aquel que me escuchara.

Mi compadre Memo me mostró su visión de cómo este concepto podía lograr un cambio de pensamiento global, al mostrar a la gente cómo hacer las cosas diferentes al resto —*fondo antes que forma*—, en donde todos los empresarios y productores se unieran con el fin de:

Sustituir el "yo" por el "nosotros"; donde la cooperación, el trabajo en equipo y la ayuda mutua sean la clave para subsistir en esta era.

Un mundo donde todos los seres humanos entiendan que venimos de la misma fuente, que somos uno y estamos aquí para ayudarnos, en lugar de hacernos daño.

A partir de ese momento, se dirigió la estrategia hacia mi persona. Comenzamos a adentrarnos en las redes sociales; en ese entonces yo no sabía manejarlas, pero eso no me detuvo. Recuerdo que temblaba de miedo cuando hice mi primera historia de 15 segundos. Me quedó tan mal, que tuve que repetirla una y otra vez. Tardé más de una hora en terminarla, pero no me di por vencido, pues tenía muy claro que: *tu repetición es tu reputación*.

El éxito se forja con mucha dedicación, por lo que el 2 de agosto de 2020, me impuse el reto de iniciar la construcción de mi marca personal y grabar cuatro videos al día por 10 años para impulsar el movimiento sinergético.

Al principio, muchos pensaban que estaba loco; me decían que era demasiado utópico crear un movimiento que compartiera este principio de sinergia. Me cuestionaban cómo iba a convencer a otros para que abrazaran este concepto como modelo de vida.

No obstante, poco a poco, y con la ayuda de mi equipo, este proyecto fue tomando forma. Nos llevó tiempo entender cuál era el camino correcto, pero al final, cada uno aportó una semilla que culminó con la creación del movimiento *Sinergético*.

Recuerdo la primera vez que mi equipo me presentó la idea visual de **1+1= 3**, mi cabeza no comprendía del todo su significado. Fue hasta unas vacaciones en Xcaret, mientras estaba en una hamaca frente al río y leía el extraordinario libro *Xueños,* del arquitecto y empresario Miguel Quintana Pali, que me quedó claro lo que implicaba.

A lo largo de 35 años, Quintana ha consolidado a Grupo Xcaret como la organización líder en recreación turística sostenible, dejando un gran legado con los parques más emblemáticos y representativos de Cancún: Xcaret, XelHá, Xplor, Xplor Fuego, Xoximilco, Xenses y Xavage, todos con certificaciones de las mejores prácticas a nivel nacional e internacional. Él afirma: "Si lo puedes creer, lo puedes crear". Es un gran ejemplo de creatividad e innovación, fortalezas que lo han convertido en un empresario visionario y creador de conceptos turísticos únicos.

Para él, Xueño es una visión o una idea que se puede hacer realidad a través del trabajo en equipo, y la sinergia entre diferentes disciplinas.

Es un enamorado de México, ha creado proyectos que le permiten comunicar a todo el mundo su profundo amor por este país y su extensa riqueza natural y cultural.

Lo que me conectó con él fue observar cómo centra toda su estrategia de negocio en la recreación turística sostenible, teniendo como principios básicos el respeto a la dignidad humana, el cuidado de los recursos naturales, la preservación de costumbres y tradiciones, el apego a la identidad de nuestra cultura y el impulso al desarrollo económico local y nacional, promoviendo incansablemente el bienestar de México.

A lo largo del libro, habla sobre su experiencia como arquitecto y urbanista en México y en otros países, y la forma en que ha aplicado el concepto de sinergia en cada uno de sus proyectos. Destaca la importancia de la colaboración entre arquitectos, ingenieros, urbanistas, artistas y otros profesionales para lograr resultados exitosos.

Quintana Pali también hace hincapié en la importancia de la participación ciudadana en el proceso de diseño y construcción de espacios públicos y privados. Para él, la sinergia entre los profesionales y los usuarios de los espacios es fundamental para lograr soluciones innovadoras y sostenibles. Por ejemplo, la remodelación del centro histórico de la ciudad de Puebla, en la que se trabajó en colaboración con la comunidad local y se respetó la arquitectura colonial original.

Él fue la primera persona que me hizo comprender el poder detrás de la sinergia, al narrar con detalle cada una de las historias de cómo construyó sus parques. Entonces, entendí que **1+1** no es **2,** sino **3**, y pensé: *Esta frase se tiene que comunicar.*

Cuando empecé a dar vida al movimiento sinergético, me percaté de que en el mundo de las redes sociales, las personas que se dirigían a mi nicho se centraban exclusivamente en el emprendimiento, los negocios y cómo hacer dinero. Es decir, todos hablaban del "yo", del por qué deberían ser escuchados, hablaban sobre marketing y fórmulas secretas, pero nadie hablaba del "nosotros". Nadie hablaba de que la sinergia no solo está en las empresas, sino en la calle, en los equipo de futbol, en el multinivel, en las mascotas… La sinergía está en todas partes.

Desde entonces, **1+1= 3** se ha convertido en mi filosofía de vida con un propósito claro y ambicioso: mostrar a las personas los cambios que podemos lograr cuando vivimos en modo sinergético y darnos cuenta que es posible vivir mejor.

Erradicar la mentalidad individualista y transmitir al mundo la idea de que el bien individual está en el bien común.

Esta filosofía se trata de conseguir que la sociedad colabore en equipo para alcanzar objetivos y metas compartidas que beneficien a todos, no solo a una persona o un pequeño grupo.

Nos comunicábamos en redes sociales sin experiencia, pero de manera consistente a través de videos y diversos formatos. Sin embargo, no fue hasta que mi buen amigo Oso Trava —creador del exitoso pódcast "Cracks" e inversor en el programa de Sony, "Shark Tank"—, me solicitó el uso de nuestro estudio para realizar un pódcast con Marisa Lazo, que comprendí el valor de este formato y me di cuenta de que era el que más me gustaba.

En junio del año 2021 decidimos lanzar nuestro propio pódcast llamado *Sinergéticos,* donde he tenido la oportunidad de entrevistar a agentes de cambio, deportistas, artistas, empresarios, seres humanos extraordinarios y compartir junto con ellos la filosofía de sinergia. Al principio, la idea era que tuviera mi nombre, por el tema de la marca personal; sin embargo, después de varios debates, llegamos a la conclusión de que lo más importante no era yo, sino el movimiento.

Hoy, 2 años después, contamos con una agencia profesional de creación de contenido digital, y hemos llevado este mensaje a millones de personas a través de mis conferencias y redes sociales.

El pódcast *Sinergéticos* al día de hoy, octubre del 2023, cuenta con 7 millones de descargas, más de 350,000 oyentes en 68 países y durante 70 semanas se ha mantenido como el pódcast número uno de negocios en México. Actualmente cuenta con 5.5 millones de seguidores en todas las redes sociales y tiene un alcance de 132 millones en todas sus cápsulas.

Sabemos que esto solo es el principio, estamos en un camino aún largo por recorrer, y nuestra meta es impactar la vida de muchas personas más.

En mi despertar hacia una consciencia más profunda, descubrí que la vida cobra sentido al sumar multiplicando.

$$1+1= \cancel{2}$$
$$1+1= 3$$

Algo que enriquece mi corazón es darme cuenta de que el mundo está esperando este mensaje. Todos los días recibo cientos de comentarios en mis redes sociales de gente agradecida por todo el contenido que compartimos.

Hace poco tuve la oportunidad de entrevistar a Arturo Elías Ayub, empresario mexicano, director de Alianzas Estratégicas y Contenidos de América Móvil, la Fundación TELMEX Telcel, Uno TV y de Claro Sports.

En esa entrevista hicimos la cadena más grande de favores con su del *bestseller El negociador.* La cual, consistía en que toda persona que comprara su libro se lo regalara a alguien más y le mencionara que ese regalo venía de una cadena de favores. A esta acción se sumaron miles de personas. Ese día, me sorprendió gratamente su comentario: "Jorge, yo tengo más que aprender de ti, que tú de mí, pero algo que tú tienes que aprender de mí, es que **1+1** puede ser más que 3; **1+1** puede ser infinito, porque la sinergia es exponencial".

Tú solo no puedes, yo solo no puedo, pero juntos podemos multiplicar. Si trabajamos en equipo, cooperamos y nos integramos, lograremos algo exponencial y excepcional. **1+1=3** es más que un sistema de creencias basado en el equipo. **1+1=3** es más que cooperación, **1+1** es igual a cambiar el mundo.

Pepitas sinergéticas:

- Compartir es bueno.

- Cuando dos o más elementos se combinan, crean un resultado que es mayor que la suma de sus partes.

- Ninguno de nosotros es tan importante como todos nosotros juntos.

- La sinergia es la base de todo y debería ser uno de los mandamientos diarios en cada cosa que hagamos.

- Fondo antes que forma.

- Sustituye el "yo" por el "nosotros".

- La cooperación y ayuda mutua son clave para subsistir en esta era.

- El bien individual está en el bien común.

- 1+1 puede ser infinito porque la sinergia es exponencial.

- Tú solo no puedes, yo solo no puedo, pero juntos podemos multiplicar.

Capítulo 2

SI YO PUDE, TÚ PUEDES

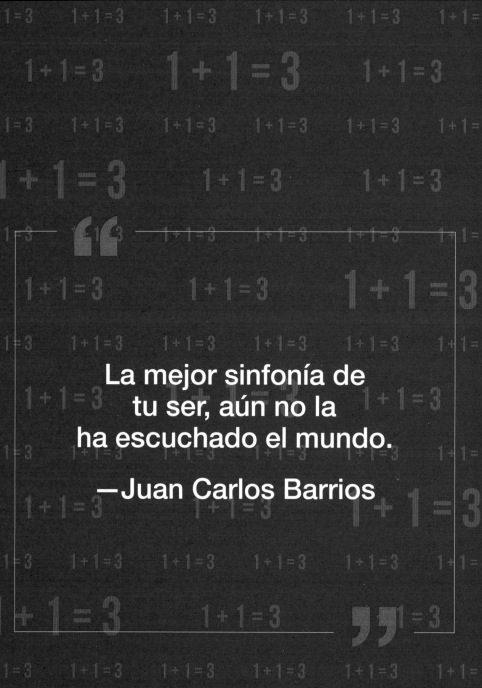

"

La mejor sinfonía de
tu ser, aún no la
ha escuchado el mundo.

—Juan Carlos Barrios

"

La sinergia se manifiesta de diversas maneras, y está presente a lo largo de nuestra vida en diferentes momentos, solo que muy pocas ocasiones somos conscientes y sabemos reconocerla.

Hace algunos años no le veía sentido a hablar sobre mí y lo que había vivido en mi infancia y adolescencia, era algo muy doloroso que permanecía resguardado como un secreto de familia.

Después de un largo proceso de sanación, hoy puedo narrar mi historia como un testimonio, con el propósito de reflejar cómo la sinergia con personas maravillosas fue clave a lo largo de mi vida, y con la intención de ser una luz de esperanza para aquellos que atraviesan o han pasado por momentos complicados, y creen que no hay opción ni motivo para seguir adelante.

Aunque he contado mi historia en diversos escenarios y entrevistas, esta será la primera vez que quede plasmada en papel. Desde el fondo de mi corazón escribo estas líneas para decirte que *si yo pude, tú puedes.*

Tu pasado no define tu futuro. Con una simple decisión, tus estrellas pueden cambiar.

La historia comienza cuando mi papá, Maurilio, siendo muy joven decide ir a trabajar a los Estados Unidos, en busca del sueño americano.

Con dinero que consiguió prestado, llegó hasta la ciudad de Tijuana, la cual hace frontera con Estados Unidos. Pero días antes de cruzar, en una borrachera, apostó y perdió todo el dinero que tenía destinado para pagarle al pollero que lo ayudaría a pasar de ilegal "al otro lado".

Al siguiente día, aún con la resaca, se dirigió a Ensenada, Baja California, donde conoció a mi mamá, una joven de 16 años, a la que enamoró.

Tiempo después, cuando ella le mencionó que estaba embarazada, él creyó que era buena idea ir a comprar cigarros y no volver, sino hasta después de 20 años.

Durante el poco tiempo que estuvieron juntos, mi mamá vivió momentos muy tristes. Me cuenta cómo mi papá la golpeaba, le decía cosas como: "Quítate, estorbo". La pateaba, la ofendía, la hacía menos; sin embargo, a pesar de todo lo que vivió con él, ella nunca me habló mal de mi padre cuando yo era niño.

Cuando mi abuela se enteró de que mi mamá estaba embarazada, la cacheteó y, enfurecida, le dijo: "Eres una p... por andar abriendo las piernas; te dije que no te fueras con ese güero", y la corrió de su casa.

En el contexto en que mi madre creció, salir embarazada significaba no solo haber cometido un grave error, sino pagar por ello toda la vida. A su corta edad, sin haber terminado la primaria, sin apoyo y sin familia, la única opción que tuvo fue sobrevivir como pudiera.

Trabajaba en una fonda en el turno que nadie quería: de 10 de la noche a 6 de la mañana, pero como le pagaban muy poco y no le alcanzaba, continuaba a un segundo turno, de las 6 de la mañana a las 2 de la tarde. Esto provocó que entrara en conflicto con los trabajadores sociales del DIF, organismo público promotor de la protección integral de los derechos de los niños y adolescentes, quienes me recogieron varias veces por andar en la calle buscando algo de comer entre las bolsas de basura, en las que encontraba vasos de sopa Maruchan vacíos, para comerme el unicel y sentir saciedad en el estómago.

Casi nadie tiene recuerdos de antes de los seis años de edad, pero este es uno de los 2 que tengo muy grabados: en una de tantas veces que me encontraron los trabajadores del DIF, le dijeron a mi mamá: "Si no deja a su hijo en algún internado, se lo vamos a quitar". Asustada, y por la recomendación de una amiga, decidió dejarme en un internado cuando yo tenía unos 6 años de edad. Ella sabía que era la mejor opción para mí en ese momento.

Recuerdo claramente el día que llegamos a ese lugar. Las paredes eran blancas, descascaradas y olía a humedad.

El segundo recuerdo es de mi mamá cuando se hincó frente a mí, me tomó de los hombros, y con los ojos llorosos, voz temblorosa, y sacando fuerzas de donde pudo, me dijo: "Jorgito, vas a estar bien, aquí te van a cuidar, yo no puedo hacerlo ahora porque tengo que cuidar a Santiago, tu hermanito. Trabajaré muy duro para construirte una casa, y en dos años vendré por ti".

Después de esas palabras la vi partir. Fue muy triste, no entendía por qué me dejaba en ese lugar, pero tenía la esperanza de que regresara pronto. A los 6 años no tenía noción del tiempo y, pensé que no debían pasar muchos días para que ella construyera esa casa.

Meses después, mi madre finalmente volvió, pero no por mí, sino para traer al internado a mi hermano, de dos años.

Con voz firme me dijo: "Jorgito, recuerda, tú no tienes papá. Tú eres el hombre de la casa, por eso tienes que cuidar de tu hermanito aquí".

A partir de ese momento, tuve una instrucción muy clara que pesó fuertemente sobre mis hombros durante los 9 años que pasé en el internado. Cargué desde pequeño con una responsabilidad que no me correspondía, pero que sí o sí tuve que asumir.

Podíamos permanecer en el internado solo mientras cursábamos la primaria; aun así, había jóvenes que tenían más de 16 años. Debido a que no tenían a dónde más ir, deliberadamente, reprobaban una y otra vez para que no los sacaran.

Poco a poco se asomó la cruda realidad de lo que significa vivir en un internado. De esos mismos jóvenes, de los encargados del internado y de nuestros cuidadores llegaron los abusos, las violaciones; hubo quienes, de manera cruel, apagaban sus cigarros en mi cuerpo por simple diversión. Yo no entendía por qué me pasaba esto a mí, por qué me lastimaban si mi mamá me había dicho que ahí me iban a cuidar.

Las personas que me hacían daño me tomaban de los hombros, me miraban a la cara y me decían: "Te vas a dejar hacer esto, porque si no, vamos a matar a tu hermanito". Mi mamá me había dicho que yo era el "hombre de la casa", por lo que, sin más opción, desde muy pequeño lo permití una y otra vez.

No conté el número de abusos, lo que sí recuerdo es la cantidad de veces que pensé en quitarme la vida. Era un niño y no entendía exactamente lo que era el suicidio, pero tampoco comprendía por qué me sucedía todo eso, lo único que quería era que ese sufrimiento terminara.

Mi infancia transcurrió en un pasillo con dos hileras de 30 camas cada una, donde las monjas —quienes eran las encargadas del internado— nos levantaban a las 5:15 de la mañana todos los días con un aplauso. Llegaban gritando: "¡Viva el Sagrado Corazón de Jesús!". Nosotros teníamos que hincarnos junto a la cama, persignarnos y responder: "¡Para siempre en nuestros corazones!". Nos ponían a rezar el rosario y nos decían: "Antes de alimentar al cuerpo hay que alimentar al espíritu"; al que no se levantaba a tiempo, le pegaban con una varita de membrillo.

A mí nunca me pegaron por esa razón, debido a que a esa hora ya estaba despierto, porque mi cama estaba mojada. Había perdido toda mi seguridad y me había vuelto un "meón en la cama", no podía dejar de orinarme. Cada noche me daba miedo quedarme dormido porque no controlaba mi cuerpo, pero al final, el sueño me vencía y se repetía la misma historia.

Los días de lluvia en época de frío eran de terror para los que se orinaban en la cama, pues no daba tiempo de que se secaran las sábanas y, según las monjas, era parte de nuestro castigo ir a dormir sin sábanas ni cobijas. En Ensenada, el frío de diciembre te cala hasta los huesos. Recuerdo estar tiritando de frío y escuchar a las monjas decir: "Tienes que escarmentar, Jorge, para que te dejes de orinar".

Tristemente, no escarmenté en todos esos años. Fue entonces que comencé a buscar culpables, alguien tenía que ser responsable de todo lo que me estaba sucediendo. La primera en la lista fue mi mamá; finalmente, ella me había abandonado en ese lugar.

El internado era católico, y la celebración del viacrucis —la representación de la pasión de Jesús, que se realiza el Viernes Santo— era para mí una "época de esperanza". Las monjas nos daban la oportunidad de cargar la cruz, lo cual era algo muy solemne y, para animarme a hacerlo, la madre superiora se acercaba y me decía al oído: "Jorgito, carga la cruz y reza con mucha fe, porque si tú le pides con devoción a Dios, Él te va a conceder todo lo que le pidas. Si no la cargas con fe, no va a venir tu mamá por ti y no te vas a dejar de orinar en la cama".

A pesar de todo lo que vivía, en mí yacía la inocencia de un niño y creía con ilusión que eso era verdad. Los brazos me temblaban porque estaba muy flaco y la cruz era muy pesada y grande, pero sacaba la fuerza necesaria de donde podía para cargarla. Había tres cosas que yo deseaba inmensamente: un papá grande y fuerte que me protegiera y me admirara; que dejaran de abusar de mí (dolía mucho tener que pasar por eso), y dejar de orinarme en la cama. Esto último… mi mayor anhelo.

Al final, los abusos y las violaciones eran silenciosas, solo lo sabíamos el abusador y yo. Sin embargo, ser meón en un internado significaba que los 60 niños lo supieran y me lo recordaran todo el tiempo. Yo llegaba tarde a desayunar por quedarme a lavar las sábanas. Lamentablemente, cuando entraba al comedor con mucha hambre ya no había desayuno, porque se lo habían comido mis compañeros, y una vez más... me quedaba hambriento.

Al segundo en culpar fue a Dios, ese ser superior del que me hicieron creer que provenía todo lo que me pasaba. Ninguno de mis deseos se cumplió después de cargar la cruz por años con fe: mi mamá nunca fue por mí, nunca llegó un papá que me cuidara, los abusos no cesaron y no paré de orinarme en la cama. Yo solo pensaba, *¿acaso no la cargué con suficiente fe? ¿Qué estoy haciendo mal?* Mi seguridad se desvanecía cada vez más y mi tristeza era cada día más profunda.

En esos momentos, a pesar de que me sentía sin fuerzas, flaco y desnutrido, mi instinto de supervivencia me llevó a darme cuenta de que había una forma de subsistir. *Soy lento, pero no tonto.*

Recuerdo que en el internado había un largo pasillo donde había tres grandes cuadros. El primero de ellos mostraba la imagen de Jesucristo, a quien me habían presentado como el hijo de un Dios castigador que todo lo veía; el segundo, el retrato del padre Juan Bosco, quien fungía como mediador, me abrumaba la forma en la que sus ojos parecían seguirme por todo el pasillo debido a la técnica de la pintura. Finalmente, el tercer cuadro representaba a una mujer poco agraciada. Bajo el cuadro se encontraba una inscripción que la identificaba como la *Madre Elodia*, Madre superiora de la congregación del Sagrado Corazón de Jesús.

Caminaba por ese pasillo tratando de pasar lo más rápido posible junto a los cuadros, evitando mirarlos, a excepción del retrato de la *Madre Elodia*, el único que no me daba miedo.

En el orfanato, 5 monjas enérgicas se encargaban de cuidar a más de 60 niños. Si bien eran muy estrictas con nosotros, tenían un profundo respeto por la *Madre Elodia*, Lo cual no pasó desapercibido para mí. Rápidamente me di cuenta de que ella era la figura más importante en el internado. Así que se me ocurrió que sería una buena idea incluirla en mis plegarias durante la misa. En el momento en el que el padre preguntaba quién quería hacer sus peticiones, mientras que mis compañeros pedían por sus familias, yo siempre alzaba la mano y solicitaba bendiciones para la *Madre Elodia*. Los otros niños solían burlarse de mí; sin embargo, eso no me intimidó. Estaba tan decidido e insistente que el padre que impartía la misa ya no quería que participara, porque siempre hacía la misma petición.

Un día, las mojas anunciaron que nos visitaría la *Madre Elodia*; yo estaba muy emocionado y ansioso por conocer a la persona de la que me había aferrado en mis peticiones. El día por fin llegó, y no tuve que hacer nada, porque las otras madres se habían encargado de comentarle que había un niño llamado Jorgito, que siempre pedía por ella durante la misa. Con curiosidad, pidió conocerme para darme las gracias.

Esa simple y repetida acción de pedir por ella, me llevó a ganarme su aprecio y atención, a tal grado, que un día autorizó mi salida del internado para invitarme a tomar un helado. Durante el paseo, la *Madre Elodia* se percató de que me sabía de memoria el libro rojo que todos los niños teníamos: la Biblia. Yo dominaba prácticamente todos los evangelios, el libro de Génesis, el Antiguo Testamento, el misterio de la Santísima Trinidad. Sin dudarlo, pensó que yo estaba destinado a ser sacerdote, así que habló con el padre Alfonso (†), quien se encargaba de otorgar las dispensas para entrar y salir del orfanato. Algo completamente inusual para quienes vivíamos ahí, pues el internado tenía un convenio de coordinación con el DIF, el cual prohibía a los niños salir del lugar.

En ese momento, a pesar de mi corta edad, y sin tener mucha claridad de lo que significaba el capital social, descubrí uno de los principios más importantes de las relaciones humanas: conectar asertivamente con la persona más influyente del núcleo donde te mueves. Es decir, encontrar tu *Madre Elodia*.

Gracias a ese privilegio, se me dio la oportunidad de tener proximidad con otros sacerdotes y ganar dinero como monaguillo. Los padres pasaban por mí los sábados y domingos a las 6 de la mañana y participaba en 5 misas cada día.

Uno de mis sueños era fugarme del internado para ir a trabajar a los Estados Unidos. El padre Alfonso me pagaba dos dólares por el fin de semana, uno lo ahorraba, y con el otro pagaba derecho de piso al "Boss" —uno de los internos que fungía como el jefe—, a quien le llevaba bolsas de papas fritas para que no fuera tan violento conmigo.

Fue así como logré reunir, después de 2 años, 77 dólares. Sin embargo, cometí un grave error, le confié a mi mejor amigo, Norman, lo que tenía ahorrado. Le dije que cuando juntara 100, nos fugaríamos juntos a los Estados Unidos. Le mostré el escondite donde guardaba el dinero, y a la mañana siguiente, mis ahorros habían desaparecido. Norman me había robado, no solo mi dinero, sino también el sueño de salir de donde estaba.

Cuando terminé la primaria debí dejar el internado, pero por mi buen desempeño como monaguillo, el padre Alfonso pidió una dispensa para que yo permaneciera mientras cursaba la secundaria técnica. Las monjas veían talento en mí y tenían la esperanza de que sería sacerdote, pero no contaban con un detalle: estaba entrando a la adolescencia y me empezaron a gustar las niñas.

En la escuela había diferentes talleres, a mí me tocó cursar el de mecanografía, y en ese salón había 50 niñas, Juanito y yo. La buena noticia era que a él no le gustaban las niñas, así que me di vuelo. Ya no quería jugar canicas, y fue ahí donde conquisté a mi primera novia.

Me sentía el chico más feliz del mundo. Por primera vez experimentaba lo hermoso que era estar enamorado, y cuando creía que por fin la vida me sonreía un poco, el padre Alfonso se enteró de que salía con una niña, se decepcionó de mí y pensó: *este muchacho no va a ser sacerdote*. Entonces, no solo se acabaron las dispensas, sino que me corrieron del internado.

En ese momento me sentí peor que nunca, frente a mí solo veía un panorama desolador. No entendía por qué la vida me trataba de esa manera, por qué después de cargar la cruz en cada viacrucis durante 9 años y haber rezado con tanta fe, Dios nunca me escuchó. ¿Qué había hecho mal?, ¿por qué el sacerdote, a quien yo tanto quería y admiraba, me había corrido del único "hogar" que yo conocía?, ¿por qué mi mejor amigo me traicionó y robó el dinero que yo había reunido con tanto esfuerzo?, ¿por qué mi mamá me abandonó como un perro, y por su culpa sufrí todo tipo de abusos y violaciones? Y para rematar, me mandan a vivir de nuevo con mi enemigo público número uno: mi madre.

o o o

Ella vivía en la colonia Popular 89, en una casa de 10 metros cuadrados hecha con tarimas. En esa época, era un cinturón de miseria en el peor barrio de Ensenada.

Ella trabajaba 16 horas al día, y en las pocas que ella podía dormir, yo, lleno de rabia y resentimiento, tomaba un balón de basquetbol y lo botaba con todas mis fuerzas a un lado de su cama para fastidiarle el sueño. Cuando se despertaba asustada, yo salía corriendo con una sonrisa de burla y pensaba: *para que sienta lo que yo siento.*

Para ese entonces, yacía dentro de mí un verdadero coctel de emociones: coraje, tristeza, rabia, ansiedad, decepción... Se sentía como una bola de fuego que quemaba en el pecho, estaba completamente enojado con la vida y solo deseaba morir.

Me mandaron a una secundaria donde enviaban a todos los que expulsaban de otras escuelas de Ensenada. En ese momento, no tenía buena reputación la secundaria técnica 28. En el internado todo era disciplina extrema, y en esta escuela no te daban de baja por levantarle la falda a una niña o pelearte afuera del colegio, ¡no!, ahí te expulsaban por traer una pistola en la mochila.

Aunque yo venía de una situación dura en el internado, al final, estaba educado dentro de la religión y la fe. Ahí nos enseñaron a ser respetuosos y a hablar de la esperanza. Era un lugar cerrado, y yo aprendí a moverme en ese ecosistema, pero la calle era otra cosa, algo para lo que yo no estaba preparado.

En la nueva secundaria me gustaba una niña, y lo único que hacía, inocentemente, era cargarle la mochila, hasta que un día uno de los compañeros me dijo: "Mira, compa, si sigues andando con mi carnala se te va a caer el cantón". Yo no entendí lo que quería decirme con eso, al fin mi casa ya se estaba cayendo, por lo que no le di importancia. Después supe lo que en realidad significaba: "Si sigues andado de novio con mi hermana te voy a golpear".

Comprendí esto, cuando un día llegó por atrás, me aventó mi mochila y, sin más, comenzó a golpearme. Me tiró al suelo, me pateó por todos lados hasta que me quebró la nariz. No había pavimento, y quedé completamente empanizado de tierra. Con la cara cubierta de sangre, solo me tapaba con las manos y le gritaba: "¡Ya no me pegues, ya no me pegues, por favor, ya no me pegues…!".

Así, pasé de ser el "meón" al "ya no me pegues". Todos los días era buleado por mis compañeros. Otros chicos me tomaban de bajada y también me golpeaban, hasta que un día, tirado en el piso recibiendo patadas de nuevo, entraron dos pelones a defenderme, uno de ellos paró al que me estaba golpeando y le dijo: "Lo que quieras con mi carnal, te la vas a ver conmigo, hijo de tu p…".

Yo me quedé helado, aún en el piso, solo volteé a verlo. En ese momento, supe lo que significa que alguien te reconozca, te cuide y te defienda.

Por fin, lo que tanto anhelaba había llegado a mi vida, alguien que me protegiera, un lugar al cual pertenecer. A partir de ahí, aprendí a moverme en ese nuevo ecosistema, el cual yo no elegí y, sin ser consciente de las implicaciones, me convertí en pandillero.

La carencia de reconocimiento de la mayoría, era lo que nos unía como pandilla. Muchos habían sufrido de abandono; todos los vecinos en la colonia Popular 89 tenían una historia difícil: a uno le mataron a su papá; otro, padecía porque su mamá consumía *crack,* y algunos más asistían al grupo de Alcohólicos Anónimos que estaba en la esquina de mi casa.

Con frecuencia éramos señalados, nos juzgaban por hacer grafitis y andar en la calle. Pocas personas entienden lo que hay detrás de ese mundo, nos etiquetan como delincuentes menores, pero para mí significaba familia, reconocimiento y afecto, por lo que, con orgullo, nombramos a esta pandilla los DM (Delincuentes menores).

Ya no me tenía que acercar a los sacerdotes, *soy lento, pero no tonto.* Ahora me tenía que acercar al barrio, y necesitaba el respaldo de una pandilla si quería subsistir.

Por lo tanto, fui y "pagué piso", este era un ritual dentro de la pandilla que al principio no entendía. Significaba dejarte dar una golpiza tirado en el piso por un minuto sin llorar ni rajarte. El peor pecado que puedes cometer en una pandilla es "chavalearte", es decir, acobardarte; eso es imperdonable. Esto hace mucho sentido, cuando la gente te ha hecho daño, cuando tienes carencia de amor, de reconocimiento, cuando todo mundo te ha dado la espalda. El que alguien de la pandilla se acobarde o le dé la espalda a un miembro es algo imperdonable.

Pagué el precio y ahora tenía una familia, un clan al que sí pertenecía, en el que nos cuidábamos unos a otros, y como equipo, protegíamos nuestra "plaza".

En ese entonces, Daniel Thing (†) era el líder y quien me enseñó a pelear. Soy lento, pero no tonto. Entendí que dentro de la pandilla él era la representación de la *Madre Elodia*.

o o o

Una pandilla crece por la calidad de sus grafitis, la calidad de sus miembros, la calidad de sus golpes y la calidad de su fama. El verdadero reconocimiento de una pandilla te lo da otra pandilla, y el temor que pueda infundir dentro de su territorio y en otros territorios.

Al paso del tiempo, cuando fui subiendo de rango en mi pandilla, conseguí unos guantes rojos y establecí la regla de pelearnos todos los días entre nosotros, para practicar y hacernos expertos en los golpes. Tenía tanto coraje acumulado, que era la única forma de sacar mi rencor; en seis años me peleé más de quinientas veces, me sentía listo para morir y tan enojado con la vida, que no me importaba lo que me pudiera pasar.

Durante mi época en Ensenada había varias pandillas, y para ganar terreno y ver quiénes eran los dominantes, había que pelear. "Pégate un tiro con la otra pandilla, y quien gane, es la mejor".

Algunas ocasiones, para ganar debíamos ir bien preparados, a veces los otros ganaban porque traían bates o velocímetros — un artefacto que te pones en las manos, un cable que sirve solo para las peleas campales, más o menos mide un metro, no te mata, pero sí te corta—. Lo malo era que los velocímetros tenían un costo, y por supuesto, no teníamos ni un peso. En nuestras casas no había nadie que nos diera dinero.

Entonces, aplicamos la técnica de "préstame un peso". En esa época, la única forma de conseguir dinero era dentro de la escuela, pidiéndoles a los compañeros un préstamo de un peso, y por la forma en que lo pedíamos, nadie nos decía que no.

A mis 15 años, yo me rasuraba la cabeza con rastrillo. "Pelón te ves maloso", y mis compañeros, asustados, sin dudarlo, me daban un peso; de esta manera reunía un poco de dinero para comprar los velocímetros, caguamas y pintura para grafitear. Por supuesto que nunca pagábamos, para los compañeros significaba algo así como "pagar piso" para que los cholos no los molestaran.

Como todo buen hermano, yo quería lo mejor para la pandilla, a la que yo consideraba en ese momento mi familia. Pensaba que ellos querían lo mismo para mí, buscaba su reconocimiento, afecto y ser tomado en cuenta.

Un día, se nos ocurrió que sería buena idea robarnos la pistola del abuelo de uno de mis amigos; necesitábamos recursos para hacer bombas molotov, y el arma nos serviría para robar y conseguir más dinero. Nosotros éramos los segundos de la zona, pero queríamos ser los primeros: los número uno del barrio, solo que debíamos estar bien armados.

Comenzamos a planear lo que, sin saberlo, sería mi última fechoría: asaltar la tienda Calafia, que se encontraba hasta el final del cerro donde vivíamos, en la colonia 89. Era la última calle pavimentada, al lado de un arroyo, después, ya no había nada, solo el valle.

Como líder yo era quien llevaba el arma, la idea era tomar el dinero y entregárselo a tres de mis compas, quienes huirían por el arroyo, mientras yo salía corriendo por el otro lado de la calle. El plan parecía perfecto.

Ese día, llevaba puesta una bufanda para taparme la cara. Me coloqué estratégicamente cerca de la entrada del lugar que íbamos a asaltar.

Algo inusual sucedió: esa tarde, antes de salir de la casa, mi madre, con quien tenía una pésima relación y nula comunicación, me llamó e hizo algo que nunca había hecho: me dio la bendición, como si presintiera que algo grave me podría pasar.

Me encontraba recargado en una barda esperando el momento para atacar. De repente, salió el dueño de la tienda y, en ese instante, después de 6 años de sentir un profundo coraje; como una ráfaga, este se apagó, y en su lugar comencé a sentir mucho miedo. Mis manos, que sostenían la pistola, comenzaron a temblar, y lo único que se me ocurrió fue gritar: "¡La policía, la policía!".

La realidad es que no venía la policía, pero era lo único que nos haría arrepentirnos y correr. Sin embargo, como por arte de magia, unos segundos después pasaron 3 patrullas frente a la tienda. Rápidamente, escondí la pistola y me quité la bufanda de la cara, avancé unos pasos hacia donde estaban los demás y salimos corriendo. La policía solo pasó de largo, pero no faltó el listo que quería mi lugar y me dijo: "Jorge, eres un chavala, rajón y marica, tú gritaste, ¡la policía!, pero no había forma de que la vieras, ¿te dio miedo, verdad? Eres un marica".

En una pandilla, lo único que no se permite es acobardarse y dar la espalda. Yo estaba muy molesto y les dije que no había sido así, y que en dos días regresaríamos. Mi mayor enojo era conmigo, por haber sentido miedo e inventado que había visto a las patrullas. Era tal mi adrenalina que pensé: *Ahora, para que me crean, voy a llegar a la tienda disparando, no voy a decir "esto es un asalto", voy a tirar desde el principio para que me den el reconocimiento que merezco.*

Sin saberlo, el día del robo, el destino tenía otros planes para mí. En las pandillas existen zonas a las que llamamos neutrales, donde no nos atacamos, podemos coexistir, tomar unas cervezas y no hay peleas, a menos que alguno las provoque. En ese tiempo había dos reglas: no se podía *cantar barrio* —echar pleito—, ni pretender a una muchacha que no fuera de tu pandilla.

Antes de concretar el asalto, para armarnos de valor fuimos al "Punto" —un terreno neutral—, empezamos a tomar lo que en México se conoce como "aguas locas", una mezcla de Tonayán —la bebida alcohólica más barata—, combinada con agua de naranja.

Ya entrados en calor, a uno de mis amigos, que era muy bravo, se le ocurrió *cantar barrio* a otra pandilla. *Yo era lento, pero no tonto*, las matemáticas eran obvias, nosotros éramos 4; ellos, 20, y empezaron los golpes. Corrimos y, como pudimos, nos subimos al carro para emprender la huida.

En Ensenada, en época de frío, hay tanta neblina que no te permite ver a más de tres metros. Íbamos a toda velocidad, yo estaba en el asiento del copiloto, sin cinturón de seguridad, pendiente de asomarme por la ventana para vigilar qué tanto se acercaban, y gritaba: ¡Dale, dale, si nos alcanzan nos van a matar!

Lo último que recuerdo es haber escuchado un estruendoso golpe. A partir de ahí, no supe nada de mí, hasta horas después que desperté en la cama de un hospital, enyesado de los brazos, con el cerebro inflamado y los ojos vendados.

Supe después que debido a la neblina, nos habíamos estrellado a toda velocidad contra las llantas de un tráiler. Yo salí disparado del auto por el parabrisas, quedé inconsciente, con los brazos zafados y la cara ensangrentada llena de vidrios.

Los médicos le daban a mi mamá muy poca esperanza de que yo volviera a ver. Lo primero que recuerdo al despertar, es haber escuchado al hermano de mi mamá decir: "¡Ay, Cuca, qué mala suerte tienes!, tu hijo tuvo un accidente mortal y no se murió".

Mi tío no era una mala persona, pero sí realista. La posibilidad más alta, según los doctores, era que yo quedara ciego.

Estuve en cama en mi casa, vendado durante dos meses y medio. Tuve mucho tiempo para reflexionar, no podía ver con los ojos, pero por primera vez me permití ver con el alma.

De todos los amigos que tenía y que eran parte de mi pandilla, nadie fue a verme. ¿Dónde estaba mi familia?, ¿esa que durante 6 años yo defendí a capa y espada, y a la que sentía que pertenecía? Nunca apareció.

Solo estábamos mi mamá y yo, ella era la única que me cuidaba. Yo la escuchaba llorar y rezar a mi lado. No me dejó ni un momento solo.

En esos meses reflexioné sobre lo pobres que éramos. No teníamos nada, comíamos en la cama porque no había comedor, nos bañábamos afuera con una manguera, y había tantos hoyos en el techo, que cuando llovía, nos mojábamos más adentro que afuera.

Estando en cama, indefenso y asustado por la posibilidad de quedarme ciego, pude darme cuenta de que mi mamá me amaba. Fueron 80 largos días de reflexión en donde todo se movió dentro de mí; durante esa etapa de silencio, comencé a reconciliarme con ella.

Tenía mucho miedo de no volver a ver, y uno de esos días recordé el libro rojo, mi Biblia. Empecé a rezar en mi idioma: "Chuyito, échame la mano, y te prometo que le voy a bajar de hue…". En ese momento, mis ojos vendados se llenaron de lágrimas, e hice las paces con Dios. Le pedí que me ayudara, que no me dejara ciego, y si me concedía esa petición, yo le bajaría a todo el relajo que traía en mi vida y le haría caso a mi mamá.

Le rogaba a Dios que esta vez sí me escuchara, no como en el internado. No podía ver, pero cantaba en mi cama para sentir la fe que me habían inculcado las monjas:

"Y las montañas se moverán, se moverán, se moverán.

Y las montañas se moverán, se moverán, se moverán.
Si tuvieras fe, si tuvieras fe.
Como un granito de mostaza.
Eso dice el Señor…".

Finalmente, sentí que Dios comenzaba a escucharme. El día que volví abrir los ojos y recobré a vista, también se desplegó frente a mí un nuevo horizonte. Comprendí que mi accidente, más que un suceso desafortunado, había sido una bendición en mi vida. Fue gracias a ese suceso me alejé de la pandilla justo a tiempo, antes de que comenzaran a robar y a consumir drogas.

Estuve al borde de la muerte, incluso, yo mismo había deseado morir; si me había quedado en este mundo tenía que haber una razón muy grande. Finalmente, una voz interior me hizo comprender que, si estaba vivo y había salido adelante de tantas circunstancias adversas, no era casualidad.

"Cuando consigues lo que quieres, es la vida dirigiéndote; cuando no consigues lo que quieres, es la visa protegiéndote".

—Simon Cohen

Si yo pude, tú puedes

El referente más cercano que teníamos de una persona con dinero era mi tía Claudia. Ella trabajaba en una maquiladora, donde le pagaban 35 dólares a la semana, pero lo más importante para mi mamá, en el contexto en el que vivíamos, sobre todo después del accidente, era que le daban seguro social (IMSS) e Infonavit. Mi mamá había sufrido mucho por no poder llevarnos al médico ni comprarnos medicinas, por lo que su mayor deseo era que yo terminara la preparatoria y entrara a trabajar en una maquiladora, ya que eso significaba tener seguro social, una prestación que ella nunca tuvo, porque trabajaba en una fonda de comida económica.

Después de mi recuperación del accidente, busqué cuál era la maquiladora que mejor pagaba; sin embargo, para que me pagaran más necesitaba el certificado de la preparatoria, así que regresé a estudiar para terminar la escuela.

Tuve suerte de que el accidente ocurriera en época de vacaciones; aun así, llevaba 14 materias reprobadas. En la escuela no querían aceptarme, pero justo ahí apareció otro de mis "ángeles" para hacer sinergia: don José, un maestro que, aunque no me caía bien, por alguna razón creía en mí. A pesar de que fui muchas veces grosero con él, abogó por mí con todos los profesores diciéndoles: "Jorge tuvo un fuerte accidente, denle una oportunidad, este chico tiene capacidad... aunque él no lo sabe".

Eso permitió que los maestros me dejaran terminar el curso, y fue él quien me llevó a conocer al que sería mi siguiente "ángel de sinergia".

Un día, dentro de las materias optativas para otros, que yo estaba obligado a tomar para obtener mi certificado, había un concurso de oratoria y declamación, al que yo jamás me hubiera inscrito, de no ser porque para mí no era opcional.

65

Entré al auditorio de la escuela, me senté en la última banca y conocí a Gabino Ramírez, Subdirector de prevención del delito en Zona Costa en el estado de Baja California. A sus 25 años, ya era campeón paraestatal, nacional e intercontinental de oratoria; para mí, toda una eminencia. Llegó a la escuela, vestido de traje negro, camisa blanca y corbata roja y, antes de subir al escenario, don José le dijo: "Jala a Jorge Serratos, este joven tiene talento".

Yo estaba sentado en la última fila del auditorio, con la capucha de la sudadera cubriéndome la cara llena de cicatrices, pero ya sabes, soy lento, pero no tonto. Me di cuenta de que Gabino representaba a la *Madre Elodia* en el escenario. En primera fila, estaban sentadas las niñas más bonitas de la preparatoria, que a mí ni siquiera me volteaban a ver por mi aspecto. Veían a Gabino con gran admiración, suspiraban mientras declamaba un poema del escritor Jaime Sabines:

"El amor es el silencio más fino, el más tembloroso, el más insoportable…"

—¡Ah, canijo, qué tiene este que no tenga yo! —pensé.

De pronto, y para mi sorpresa, preguntó en voz alta:

—¿Quién es Jorge Serratos?

Tímidamente, alcé la mano, y me pidió que pasara al frente. Estando ahí arriba, yo solo veía a las niñas mientras él hablaba:

—Estoy buscando un representante de esta preparatoria, que compita en el concurso municipal y en el estatal de declamación y oratoria. Yo personalmente lo entrenaré, y me dijeron que tú tenías talento…

Sin dudarlo, acepté la propuesta. Ahí estaba mi próximo referente. Gabino me enseñó oratoria, y con su guía gané el concurso municipal y el estatal. Gracias a él descubrí mi amor por la oratoria, me sorprendía ver cómo la gente me aplaudía de pie cuando terminaba de declamar.

Fue él quien me obsequió mi primer libro, *El Alquimista,* de Paulo Coelho, el cual trata sobre los sueños y el destino a través de la mirada de Santiago, un pastor que emprende un viaje en medio del desierto hacia su "Leyenda Personal".

Cuando terminé la preparatoria, con 6 de promedio, Gabino me preguntó:

—¿Qué vas a estudiar, Jorge?, tú puedes llegar muy lejos.

—La escuela no es para mí. Voy a trabajar en una fábrica, nosotros no tenemos dinero, eso no está en nuestra realidad, ya con esto me siento ganador, pero si estudiara algo, quisiera ser lo que tú eres.

—Yo soy abogado —me contestó.

Él representaba no solo una figura de autoridad, sino a quien yo admiraba profundamente. Sin saber lo que el destino me tenía preparado, en ese momento comenzó a germinar una semilla dentro de mí, y nació el deseo de ser abogado, pensé: *si él pudo, yo puedo.*

La verdadera sinergia es la que perdura a lo largo del tiempo. Gabino, actualmente Director de control escolar en el CoBach a nivel estatal, me contactó después de 20 años para ofrecerme la oportunidad de dar una conferencia en Mexicali ante 3000 jóvenes, sin embargo, la sorpresa fue que esos jóvenes no eran aquellos con calificaciones sobresaliente, sino que se encontraban en la misma situación que yo enfrentaba cuando conocí a Gabino.

La experiencia resultó impactante, ya que parecía como si estuviera dando una conferencia para el Jorge de hace dos décadas.

Pepitas sinergéticas:

- La sinergia siempre está presente a lo largo de nuestra vida.

- Tu pasado no define tu futuro. Con una simple decisión, tus estrellas pueden cambiar.

- El alumno no aprende del maestro que no admira.

- Los sucesos desafortunados, en realidad son una bendición en la vida.

- La vida se trata de encontrar quien es tu próxima *Madre Elodia.*

- Los ángeles están esperando a que estés atento para manifestarse.

- Confía en ti. Aunque no sepas exactamente cómo lograr algo, recuerda que cuentas con la persona más importante que eres tú.

- Si yo pude, tú puedes.

- Cuando consigues lo que quieres, es la vida dirigiéndote; cuando no consigues lo que quieres, es la visa protegiéndote.

"No somos producto de nuestras circunstancias. Somos producto de nuestras decisiones".

—Stephen R. Covey

Capítulo 3

DE PANDILLERO
A UNIVERSITARIO

> Yo hago lo que usted no puede y usted hace lo que yo no puedo. Juntos podemos hacer grandes cosas.
>
> —Madre Teresa de Calcuta

La primera etapa complicada de mi vida fue el internado; la segunda, las pandillas, pero sin duda, la más difícil fue la universidad.

La historia comenzó cuando un día, llegué a casa y le dije a mi mamá que quería ser abogado; sin embargo, sabía que alcanzar esa meta no sería tarea fácil. El primer obstáculo era que en Ensenada no había universidades públicas, y una privada costaba en esa época alrededor de 250 dólares al mes, lo cual, para mi mamá, que ganaba 150 dólares mensuales, era imposible. Apenas nos alcanzaba para subsistir, así que la única opción era pedir una beca.

Movimos cielo, mar y tierra, y conseguimos una ayuda económica del 80 %. Recuerdo que era un mundo de dinero, pero aun así, nosotros no podíamos cubrir lo que faltaba, necesitábamos una beca del 100 %. La Lic. Talía, quien realizaba los estudios socioeconómicos, nos dijo: "No puedo hacer más, el 80 % es lo máximo que te puedo otorgar, pero hay alguien que quizá te ayude".

Se trataba del Ing. Jaime Bernal de la Parra, rector y dueño de muchos planteles universitarios por toda Baja California. Definitivamente, él era la *Madre Elodia*. Nos pasamos dos meses consiguiendo su dirección en Ensenada, hasta que lo logramos. No sabíamos cómo presentarnos en su casa, y a mi mamá se le ocurrió hacer unos burritos de machaca, que le quedaban muy ricos. Así, nos aparecimos en su puerta. Por supuesto, a él no le dio gusto vernos ni con los burritos. Estaba sorprendido de cómo habíamos conseguido su dirección, pero más por mi aspecto: un joven rapado con facha de pandillero y cicatrices en la cara.

Con el afán de que nos fuéramos de ahí lo más pronto posible, aceptó los burritos y nos dijo: "Los veo el lunes en mi oficina".

Llegado el día, le expliqué mi situación, pero cuando se enteró de que tenía un promedio tan bajo, nos dijo que era imposible obtener la beca. Mi mamá intervino para abogar por mí, le pidió que me diera una oportunidad, que yo tenía ese aspecto porque había sido cholo, pero que ya había cambiado. Le dijo que yo tenía potencial, y que si nos ayudaba, yo sería el primer graduado de la familia. En ese momento, pude ver detrás de las palabras de mi mamá todo su amor, pero sobre todo, su confianza en mí, y la certeza de que yo había cambiado y podía ser abogado.

El rector, conmovido por las palabras de mi mamá, pero incrédulo de que yo lo pudiera lograr, aceptó darme la beca del 100 %, aunque con cuatro condiciones: la primera, obtener 10 de promedio; la segunda, no tener ningún reporte; la tercera, no tener ninguna falta y, por último, practicar un deporte de alto rendimiento.

Representaba un gran desafío, en esa época era consciente de que aparte de mi mamá, nadie confiaba en en mí. Al final, acepté la beca a pesar de que me encontraba lleno de miedo, inseguridad, y con una sensación de no sentirme suficiente. Aunque no sabía exactamente cómo lo lograría, comprendí que solo podía depender de mí mismo y que necesitaba comenzar a confiar en Jorge.

o o o

Como mencioné al inicio de este capítulo, la universidad se convirtió en la época más complicada, pero esto me impulsó a sacar mi máximo potencial, algo que nunca había hecho.

Me sentía atado completamente, me quitaron la voz, los puños y mi esencia; lo único con lo que me sentía fuerte era mi habilidad para pelear, pero gracias a eso, se fortaleció mi capacidad para entender lo que necesitaba hacer a fin de no tener ni un reporte.

Recuerdo que en cada examen, lo primero que hacía era leer las preguntas, lo revisaba para asegurarme de que sabía todas las respuestas. No podía fallar en ninguna, porque perdería la beca.

El sistema de calificaciones en el TBC (Tecnológico de Baja California), consistía en promediar dos parciales: si obtenías 9, podías exentar el examen final, pero para mí esta calificación no era suficiente para mantener la beca. Algunas veces tenía 9.7 de promedio final en una materia, pero no me daban las cuentas, por lo que dirigía una carta a control escolar en la que les decía: "Renuncio a mi calificación de 9.7 porque voy por el 10", bajo el riesgo de obtener una calificación inferior y perder la beca.

No juzgues a la gente cuando te juzga, pues no saben lo que estás viviendo.

Esto significó para mí el odio de algunos compañeros, sobre todo, en época de exámenes finales, donde estaban aquellos que no habían exentado. Recuerdo que uno de los profesores solía lanzar la idea de que, si todos estábamos de acuerdo, nos levantáramos y nos pondría 8 de calificación, pero que si uno no quería, todos presentaríamos el examen. Yo no podía aceptar esa oferta, necesitaba el 10 cerrado; por esto, mis compañeros no me querían, me juzgaban, no entendían por qué lo hacía.

Otro reto al que me enfrenté fueron mis nulas habilidades sociales en la universidad. En el TBC los alumnos asisten de traje y corbata; yo usaba calcetines blancos con el traje, no sabía ponerme una corbata y no usaba desodorante, porque no lo conocía. Mis compañeros se burlaban de mi apariencia y mal olor.

Logré terminar el primer semestre con 10 de promedio, pero ya no podía más, tenía mucha hambre, llevaba un año comiendo huevos con papas. Necesitaba comer, y para eso había que trabajar. Como dice el dicho: "Las letras no entran cuando se tiene hambre". Yo estaba hambriento y mi mamá tenía que sacar adelante a mis dos hermanos, por lo que no le alcanzaba el dinero.

Los fines de semana, para ganar algo de dinero, trabajaba algunas veces como ayudante de albañil, y otras, en "Las Mazatlecas", el restaurante donde laboraba mi mamá. Ahí conocí a doña Ramona, la dueña del lugar, una mujer muy estricta a la que todos le tenían miedo.

Yo trabaja en el turno de la noche, mientras que doña Ramona, se encargaba de la cocina y la caja los domingos durante el turno de la mañana. Todos los que trabajaban ahí se expresaban mal de ella y decían que cocinaba muy mal. Los que atendíamos el lugar podíamos comer todo lo de la carta, excepto carne y camarones, porque estaba contado y era lo más caro. Yo nunca había comido camarones y tenía muchas ganas de probarlos.

Un domingo me tocó acompañar a mi mamá y trabajar con doña Ramona en el turno de la mañana. Estando ahí, ella me preguntó qué quería de comer y le dije:

—Doña Ramona, me pone en un predicamento, la verdad no sé qué pedirle, porque he escuchado muchas cosas sobre usted.

—¡¿Qué es lo que dicen de mí?! —me preguntó intrigada.

—Dicen que usted es una cocinera muy buena, que es la mejor de las Mazatlecas, entonces no sé qué pedirle.

Doña Ramona orgullosa me respondió:

—Jorge pídeme lo que quieras y te lo preparo.

—La verdad es que me gustaría probar sus camarones.

Mi madre me miró con ojos de sorpresa. Para mi asombro, doña Ramona no dudó en pedirme que trajera los camarones y de inmediato se puso a cocinarlos para mí. Esa fue la primera vez que probé los camarones empanizados en mi vida. Todo esto gracias a que identifiqué quién era la *Madre Elodia* en las Mazatlecas y descubrí la importancia de edificar a las personas, esto aporta un gran valor y es uno de los principios fundamentales para construir vínculos con las personas clave en tu vida.

En ese punto, sin ser plenamente consciente de ello, se estaba forjando el camino hacia el encuentro con otros Ángeles de sinergia en mi vida.

Cuando mi mamá hizo las paces con mi abuela, después de que la corrió por quedar embarazada, se fue a vivir con ella a un rancho que quedaba como a tres horas de Ensenada. Yo tenía dos años cuando esto sucedió. Ahí conoció a mi papá Santiago, de quien se enamoró. Él le pidió que se fueran a vivir juntos, y de ahí nació mi hermano menor. Según me cuenta mi madre, Santiago era un hombre muy bueno conmigo, pero bebía mucho y terminaron por separarse.

Mi mamá se regresó a vivir a Ensenada con dos hijos y sin trabajo. Por su parte, mi papá Santiago se enojó cuando mi mamá lo dejó, pero se puso peor cuando se enteró de que nos había internado, en lugar de dejarnos con él para que nos llevara al rancho. Recuerdo que solo nos visitó unas tres veces, yo lo quería mucho. Cuando pedía por un papá fuerte, que me cuidara y me protegiera, pensaba en él.

Mi papá Santiago se exilió en el rancho y dejé de verlo por muchos años, hasta que regresó a Ensenada, solo para tratarse la cirrosis hepática que lo llevó a la muerte, en la época que yo estaba estudiando en la universidad.

A pesar de que algunos de sus familiares me trataban con desprecio —porque yo no era hijo de él—, había uno de sus hermanos que me quería mucho: mi tío Enrique. Él vivía en Estados Unidos y trabajaba en un barco, se dedicaba a la pesca, y fue quien me apoyó dándome dinero para que yo pagara la inscripción de los dos primeros semestres de la universidad. Además, me prestó una casa muy bonita cerca de la escuela, en la que vivía únicamente su papá, mi abuelo Chale, de 86 años, quien fue mi *roomie* por dos años, y luego murió.

Cerca de ahí, vivía con su familia uno de mis compañeros de clase, Adán Pelayo. Él y su hermano estudiaban en escuelas privadas, tenían una linda casa, varios vehículos, y salían de vacaciones con frecuencia. Yo veía a Adán llegar a la universidad en su Mustang rojo, con sus lentes Ray-Ban y la canción de Santana The Game of love a todo volumen. Además, era muy popular con las niñas de la escuela.

Un día en clase, el profesor, al pasar lista y leer el nombre de Adán Pelayo, le preguntó en voz alta: "¿Qué es de usted el juez Adán Pelayo?". Adán respondió: "Es mi señor padre". Con mucho respeto, el profesor le respondió: "Por favor, salúdeme al señor juez". Ahí me di cuenta de que él era el indicado... mi próxima *Madre Elodia.*

Así que busqué la manera de acercarme a él. Un día, lo escuché quejándose con uno de sus amigos de que su papá quería que lavara los autos el fin de semana.

Un aspecto clave para acercarse a las *Madres Elodias* es observar y estar atento a cada detalle, buscando cómo servir y agregar valor.

Un día lo seguí hasta el baño y le dije: "Adán, yo trabajé cinco años en un *Car Wash,* si gustas yo te puedo ayudar a lavar los autos", intrigado, me preguntó: "¿Y tú que quieres a cambio?", a lo que respondí: "Solo que digas de vez en cuando que soy tu amigo".

Adan aceptó el trato. Al mes, su papá, un abogado prominente y prestigioso, se dio cuenta de que era yo quien lavaba los autos, pero en lugar de molestarse, vio que su hijo había sido inteligente y le caí muy bien.

La familia tenía 5 autos y todos los fines de semana, a las 8 a. m., ya estaban listos, gracias a esto, me volví tan cercano a él y a su familia que fueron ellos quienes me alimentaron durante un año mientras estudiaba. Adán y su papá me regalaban la ropa que ya no se ponían, y podía usar los libros que le compraban a Adán para la universidad.

Prudentemente, comía todos los días en la barra de la cocina de su casa, mientras ellos lo hacían en el comedor. Estaba muy agradecido porque tenía comida, y eso para mí era una bendición; además, no quería importunar su convivencia. Recuerdo que se sentaban a la mesa: el señor Adán, la señora Silvia Rodríguez, Ángel, Adán, Stephie y Carolina: Eran una familia muy bonita, y representaban mi ideal de familia que nunca tuve pero deseaba tener algún día.

Cada tarde escuchaba sus pláticas y, solo cuando oía que tenían una necesidad, yo me atrevía a alzar la voz para ofrecerles mi ayuda.

Un día planearon irse de viaje, pero no tenían con quién dejar al "Pupis", la mascota de Stephie, quien era la más pequeña de la familia y la adoración de don Adán. De inmediato, me ofrecí a cuidarlo. Esto significó que me ganara el cariño de Stephie y, por lo tanto, el de don Adán.

Siempre estaré agradecido con mi amigo Adán y toda su familia, por tenderme la mano. Sin ellos, no hubiera sobrevivido a la universidad.

Ahora me doy cuenta de cuán bendecido soy y de cómo la sinergia ha estado presente a lo largo de toda mi vida, esto ha sido gracias a que descubrí el poder del servicio.

El acto de dar despierta la abundancia en tu vida, cuanto más das, más recibes, porque el universo recompensa a aquellos que dan con un corazón generoso.

El poder de dar está enriquecido por la gratitud de recibir.

En una de las ocasiones que fui a visitar a mi mamá, al llegar a su trabajo, lo primero que me dijo fue: "Jorge, tu papá regresó".

Yo pensé que se refería a mi papá Santiago, pero no era así. Después de 20 años había regresado Maurilio, mi padre biológico.

Aunque no lo conocía, jamás lo odié. Mi abuelita Amalia (†), mamá de mi mamá, siempre se encargó de decirme: "Tu papá es un hombre muy guapo y muy fuerte". Mi mamá, a quien le recriminé por años que por su culpa no tenía papá, jamás me habló mal de él. A pesar de no haberse hecho cargo de mí, lo idealicé, tenía muchos deseos de tener un papá que me protegiera.

Entre todos mis tíos, mi papá era la oveja negra de la familia. Somos muchos primos hermanos; mi papá procreó seis hijos, y de sus hermanos, fue el que menos tuvo.

El día que nos reunimos, él traía puesto un traje de charro; se veía cansado. No sentí que se pareciera a mí, pero al ver sus manos, que eran iguales a las mías, dije: "Sí, es mi papá".

Caminamos hasta el parque Revolución, donde comimos y tuvimos una larga plática de más de cinco horas. Había demasiadas preguntas sin respuesta, y yo quería saberlo todo. Ahí conocí su historia, sus tropiezos, sus desventuras, y me di cuenta de sus pocas herramientas de vida. Aunque lo perdoné, en ese momento aún no estaba preparado para reconciliarme con él. Tuvieron que pasar 18 años para no juzgarlo, para pedirle con amor que me meciera en un columpio, como a un niño; para expresarle por primera vez mi cariño y decirle: "Te quiero, papá". Hoy entiendo que aunque no tengo el papá que idealicé, tengo un papá al que amo.

El perdón es un proceso unilateral que consiste en liberar el resentimiento hacia una persona que nos ha lastimado. Por otro lado, la reconciliación implica restaurar una relación rota o dañada.

Hay más fuerza en la reconciliación que en el perdón.

Cuando mi papá regresó, pensaba que iba a encontrarse con un hijo en la cárcel; para su sorpresa, lo recibió un estudiante universitario con calificaciones de 10. Mi padre no sabía leer ni escribir, la mayoría de su familia tenía el oficio de taquero. De todos los primos, ninguno terminó la primaria. Para él fue un motivo de orgullo que no tardó en presumir: "Tengo un hijo que está estudiando Derecho", les dijo a sus hermanos.

Me cuenta que cuando lo hizo creyeron que estaba loco, incluso lo querían internar en el Zapote —un hospital mental de la localidad—. Siendo la oveja negra de la familia, él no podía tener un hijo así, entonces apareció un ángel más para hacer sinergia: mi tío Ramiro.

Aunque nunca terminó la primaria, fue el "tío rico" de mi familia. En lo personal, tengo la teoría de que en toda familia existe un "tío rico".

Mi tío Ramiro vivía en Corona, California; trabajó toda su vida y fue el primero en darme mentoría sobre cómo manejar el dinero. Se regía bajo tres reglas para hacer negocios: trabajar, conseguir y pagar. Le fue muy bien, invirtió en agave y tierra.

Cuando mi papá le habló de mí, le dijo: "Déjame ir a conocer a ese muchacho; si logramos que un Serratos estudie, todos van a empezar a estudiar".

Uno para cien y cien para uno

Mi tío Ramiro siempre tuvo la visión de que la escuela era importante, a sus hermanos más chicos les quería pagar su educación en Estados Unidos, pero ninguno aceptó.

En aquel momento, yo estaba por entrar al tercer semestre de la universidad, y a mi tío Enrique le estaba yendo muy mal con la pesca, ya no podía seguir ayudándome. Mi tío Ramiro, de alguna forma, tomó su lugar y comenzó a apoyarme para que siguiera estudiando. Su única condición fue que cuando yo estuviera listo, ayudara también a otros Serratos.

Me dijo: "Si tú haces las cosas bien, vas a inspirar a 100 familiares en toda la descendencia serratos, esto no se trata de ti, *uno para cien y cien para uno*".

Terminé exitosamente la licenciatura en Derecho con 10 de promedio y, a partir de ahí, la sinergia de la familia se transformó. La mayoría de mis primos eran taqueros de oficio, y veían la escuela como una pérdida de tiempo para sus hijos. Sin embargo, mi historia como parte de la familia les inspiró para cambiar su sistema de creencias. Ahora, son ellos mismos quienes motivan a sus hijos para estudiar una carrera.

Mi tío tenía razón: solo se necesita que uno ponga el ejemplo, para que las pequeñas semillas de sinergia cambien generaciones en una familia.

Cuando realizas un acto profundo de bondad, desencadenas cientos de actos sinceros de generosidad. Una verdadera cadena de favores.

Pepitas sinergéticas:

- Las condiciones extremas te impulsan a sacar tu máximo potencial, algo que nunca habías hecho.

- No juzgues a la gente cuando te juzga, pues no saben lo que estás viviendo.

- El universo teje los hilos invisibles de tu destino.

- Las pequeñas semillas de sinergia pueden cambiar generaciones en una familia.

- Cuando realizas un acto profundo de bondad, desencadenas cientos de actos sinceros de generosidad. Una verdadera cadena de favores.

- Unos ricos burritos de machaca pueden hacer la diferencia.

- La sinergia se presenta en tu vida cuando descubres el poder del servicio.

- El acto de dar despierta la abundancia en tu vida, cuanto más das, más recibes, porque el universo recompensa a aquellos que dan con un corazón generoso.

"La paciencia es la fortaleza del débil y la impaciencia, la debilidad del fuerte".

—Immanuel Kant

Capítulo 4

MENTALIDAD

"

Solo el hombre sabio, solo aquel cuyos pensamientos son controlados y unificados, hace que le obedezcan los vientos y las tempestades del espíritu.

—James Allen

"

Mi amigo Humberto Herrera, especialista en *branding* personal, menciona: "El elemento clave que comparten las personas que han creado cosas extraordinarias en la vida, no tiene que ver con su grado de inteligencia ni con su origen ni en dónde nacieron, lo único verdaderamente importante, es que se la creen".

La diferencia está relacionada con la mentalidad, la motivación y la capacidad de reaccionar de manera positiva ante las adversidades de la vida.

Al nacer, no tenemos la opción de elegir en qué situaciones queremos llegar a este mundo, y conforme vamos creciendo, solemos creer que aquello que nos sucede es lo que nos tocó vivir y nos define como personas. Esto es completamente falso. Nosotros no somos nuestras circunstancias, y estas pueden cambiar en cualquier momento.

De ahí la importancia de saber adaptarnos, ajustarnos a las nuevas situaciones que nos presenta la vida, y sacar lo mejor de nosotros mismos en cada reto.

Mi mentalidad y capacidad de adaptarme a cada nuevo ecosistema fue, sin duda, un pilar muy importante que me ayudó a superar los desafíos de la universidad y terminar la carrera de abogado con éxito.

James Allen, uno de los autores de autoayuda más leídos y citados de todos los tiempos, en su libro *Como un hombre piensa, así es su vida,* nos muestra con verdadera maestría cómo todos somos responsables de nuestros pensamientos, que son las semillas de lo que ocurrirá en nuestra vida.

"El que puede cambiar sus pensamientos, puede cambiar su destino".

—Stephen Crane

Las dos carreteras

Existen dos tipos de mentalidad en la vida, o dos carreteras, como yo les llamo: la de la víctima y la del protagonista. Conozco ambas muy bien, porque he transitado por las dos y sé a dónde te lleva cada una de ellas, pero me he dado cuenta de que, independientemente de las circunstancias, por muy desalentadoras que parezcan, dentro de cada uno de nosotros está siempre el poder de elegir cuál carretera tomar.

Hay dos cosas en la vida que no elegimos: el contexto y la genética. Lo que sí podemos elegir es en cuál carretera queremos transitar.

No elegimos nacer altos, bajos, pobres, ricos, ni nacer en un país tercermundista o de primer mundo. En mi caso, no elegí tener dos hermanos de diferentes papás y, que por ello, mis tíos le hicieran *bulling* a mi mamá. Tampoco elegí las condiciones de pobreza en las que crecí.

En la preparatoria, a veces no tenía ni para el camión. Solo contaba con un cambio de ropa, mi camisa blanca se percudía del cuello, pero no podía comprarme otra. Recuerdo que cuando iba en el autobús rumbo a la escuela, sentado, viendo por la ventana, pensaba: *un día voy a tener dinero y voy a comprarme un auto rojo.* Desde entonces, alimentaba mi mente y empezaba a creer en mí.

Recientemente, fui a la boda de mi hermana en Ensenada, donde tuve la oportunidad de rentar una camioneta de lujo para transportar a toda mi familia. Algo que conmovió mi corazón fue cuando, haciendo cuentas con mi esposa Darla, recordamos que justo 15 años atrás, me había ido de esa ciudad con una mano enfrente y una atrás, sin un peso y con un montón de dudas: si algún día terminaría la maestría, si cursaría el doctorado, si tendría mi carro rojo, si compraría una casa… Fue inevitable recordar aquellos momentos cuando viajaba en el autobús, visualizando mis sueños, y ver ahora materializado aquello que imaginé.

Todo empieza con nuestros pensamientos; estos crean nuestros resultados. Cuida tu mente como tu mejor tesoro, pues lo que siembres en ella, sin duda, te llevará por alguna de estas dos carreteras. Tu mente es sagrada y en ella solo deberías dejar entrar aquello que la respete y demuestre que merece tu acceso. Tu mente es una maquina poderosa de crear significados.

"No permitas que nadie camine por tu mente con los pies sucios".

—Mahatma Gandhi

Carretera de la víctima

En diversos momentos de nuestra vida, todos nos sentimos vulnerables ante ciertas situaciones. En ocasiones, optamos por adoptar una actitud de víctima. Eso es algo completamente válido, siempre y cuando salgamos de este estado lo antes posible.

Victimizarse, sin embargo, es cuando te sientes víctima de todo y de todos. Esta carretera es la más cómoda, porque te percibes inocente y culpas de manera reiterada a los demás de lo que te ocurre. De forma inconsciente, te desvinculas de la responsabilidad ante tus actos. Es una actitud que muestra tu baja autoestima y busca captar la atención de los demás, a veces incluso, usando expresiones para humillarte a ti mismo, y así obtener la compasión y la validación de quienes te rodean.

Este modo de relacionarse con los otros y con el entorno desarrolla una visión pesimista de la vida, que a su vez, puede acarrear más consecuencias negativas en tu día a día. Es posible convertirte en una persona tóxica para ti mismo y para los demás.

En esta carretera tiendes a exagerar lo negativo en detrimento de lo positivo, lo que te impide valorar las cosas buenas que ocurren, quedándote en esa zona errónea de confort y creyéndote incapaz de salir de ahí. No aceptas ser parte del problema, por lo que no puedes ser parte de la solución.

No sueles pedir ayuda, pues crees que tu queja es razón más que suficiente para, inconscientemente, exigir a los demás atención y soluciones.

Carretera del protagonista

La carretera del protagonista nos permite tomar absoluto control de lo que nos pasa. Consiste en tener una actitud proactiva y enfocada en lograr objetivos y metas personales, en tomar la iniciativa y la responsabilidad de nuestras acciones y decisiones, en lugar de culpar a otros o a las circunstancias externas.

Cuando tienes mentalidad protagonista, desarrollas confianza en ti mismo y aumentas tu capacidad para superar obstáculos y desafíos. Ves cada dificultad en tu vida, no como una barrera insuperable, sino como una oportunidad para crecer, aprender y cambiar.

No buscas el reconocimiento afuera, porque lo tienes dentro de ti. Además, eres más resiliente y perseverante. No te rindes fácilmente y sigues adelante, incluso, cuando te enfrentan a obstáculos y fracasos. No pierdes tus energías ni te desgastas en cosas que no te suman.

Entiendes que todo es perfecto, todo lo que pasa en la vida es para bien, aunque en ese momento no lo puedas ver. Sabes que en las adversidades están las lecciones de sabiduría que necesitas rescatar.

Tú eres el único responsable de qué carretera tomar, nadie lo va a decidir por ti. En mi caso, cuando aún estaba en la carretera incorrecta —con mentalidad de víctima—, mi mamá, Dios y todos los demás eran culpables de lo que me pasaba. Fue hasta mi accidente que hice conciencia, y entendí que tenía que dejar de culpar a los otros por lo que me había pasado, fue ahí que decidí transitar por la carretera de protagonista. Mi vida tenía que tomar un rumbo distinto y solo yo tenía el control. Entendí que para ser parte de la solución, primero necesitaba ser parte del problema.

Modo leyenda: toma el control de tu vida

Si eres fan de los videojuegos, sabrás que puedes configurar en qué nivel deseas comenzar a jugar, tienes el control para elegir entre el modo fácil, intermedio, difícil, experto, legendario, hasta el modo leyenda, que es el más complejo.

En la vida, a diferencia de los videojuegos, a uno no le toca escoger. A mí me tocó jugar, sin elección, en modo leyenda, el nivel más complicado. A veces digo en broma que me tocó "bailar con la más fea". Sin embargo, lo que me ayudó a superar las circunstancias más adversas de la vida y me sacó de ahí, fue aceptar, como protagonista, el modo en que me tocó jugar.

Solo cuando te enfrentas a un desafío o una situación difícil, es cuando te ves obligado a desarrollar fortaleza emocional. Hay muchas personas a las que les toca vivir en modo difícil; sin embargo, en lugar de aceptar ese nivel, tomar el control y aprender a jugar con él, se pasan la vida en la carretera de víctima, viendo cómo juegan los demás, envidiando a quien le tocó un modo más fácil y lamentándose por el suyo.

Dejar el control de tu vida en manos de otros solo te hará perder tiempo y energía.

Si quieres cambiar tu vida, cambia tus pensamientos

Hay momentos en la vida en los que te encontrarás parado justo en medio de ambos caminos, y te corresponderá decidir cuál de las dos carreteras tomar. Pero habrá otros en donde será más difícil elegir. Te sentirás en medio de una oscura noche, donde todo se verá gris y en penumbras, y es ahí, en medio de tanto dolor, cuando debes buscar con más fuerza la luz del camino correcto.

Tus pensamientos crean tus resultados, lo único que necesitas hacer es controlarlos. Sé que suena fácil, pero en realidad no lo es. Si profundizas un poco, descubrirás que tus pensamientos son el reflejo de tu entorno, el resultado de todo lo que ves y escuchas.

Cuando comencé a enseñar a mi hija Ximenita a jugar tenis, ella me decía: "Papito, no puedo". Ante ello, me di a la tarea de quitar de su vocabulario el "no puedo". Le pedí que se parara frente a un espejo y repitiera estas palabras: "No es fácil, pero lo voy a intentar". Ahora, cada vez que vamos a jugar y hay algo que cree que no puede realizar, hacemos el mismo ejercicio frente al espejo. Reemplazamos una creencia limitante por una positiva.

Tu mente es como tierra fértil, todo lo que siembres en ella va a crecer, tanto lo bueno como lo malo.

Busca todas las herramientas de evidencia que te puedan ayudar a fortalecer tu mentalidad de protagonista.

Mi amigo Juan Carlos Barrios, de una manera muy simple, explica cómo una gran historia puede convertirse en la "ficha uno" del efecto dominó, capaz de detonar en el corazón de otros seres humanos la inspiración necesaria para desencadenar una secuencia de acciones, hasta derribar la última ficha: la de sus sueños y su transformación.

Explica cómo las historias de personas que han hecho cosas extraordinarias, pueden tener un impacto poderoso en los demás. Incluso, pueden ser un antídoto contra la negatividad y la desesperanza.

Disfruto escuchar la historia que narra con tanta pasión sobre Roger Bannister, el primer hombre en la historia capaz de correr una milla en menos de 4 minutos.

Nadie creía en él, todos sus colegas médicos le decían que era imposible, pero él se la creyó y lo logró. De ahí nació lo que se llama el efecto Bannister, el fenómeno cognitivo en el cual una persona demuestra que algo es posible, convirtiéndolo en realidad y haciendo que otros lo crean y lo consigan.

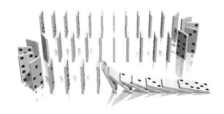

"Las personas de alto desempeño piensan todo el tiempo en lo que quieren. Las personas de bajo desempeño piensan todo el tiempo en lo que temen".

—Brian Tracy

En los momentos más difíciles de mi vida, en efecto, lo que me sostuvo de pie fue aferrarme de las pocas historias que conocía, a aquellos testimonios de personas que habían superado la adversidad. Ahí descubrí que las historias contienen magia, que fortalecen mi mente, llenan de esperanza e inspiración mi corazón y refuerzan la idea de que: *si ellos pueden, yo también puedo.*

Cuando nos sentimos inspirados, tenemos más energía, podemos ver las cosas de manera más optimista, y esto nos ayuda a mantenernos en la carretera del protagonista.

El príncipe de Egipto

En la época del internado y las pandillas, mi contexto de inspiración era muy limitado, pero descubrí una historia extraordinaria en mi Biblia, en el libro de Génesis, la de José "el Soñador", que contiene capítulos de profunda tragedia, redención, disciplina, fe y perdón.

Esta fue la primera historia que me ayudó a mantenerme firme en los momentos más difíciles.

José era un joven pastor que vivía en la tierra de Canaán junto a sus once hermanos. Jacob, su padre, siempre mostró preferencia por él sobre sus otros hijos, lo que provocaba celos en los demás hermanos. Cuando Jacob le regaló a su hijo José una hermosa túnica multicolor, sus hermanos, presos de la envidia, lo vendieron como esclavo a un mercader egipcio, y fingieron la muerte de José ante su padre para ocultar semejante crimen.

José fue llevado como esclavo a Egipto, donde lo apresaron 2 años por una falsa acusación; sin embargo, su suerte cambió en prisión gracias a su don para interpretar los sueños, y le hizo ganarse la confianza del faraón. Con esa habilidad salvó a Egipto de 7 años de extrema escasez.

José esperó 13 largos años, desde que Dios le concedió el sueño de que llegaría a convertirse en una persona con mucho poder. Confiaba en que todo lo que le sucedía era para bien, y que lo más importante que tenía era a él mismo y su fe en Dios.

Finalmente, llegó a convertirse en príncipe y el segundo en autoridad en Egipto. Gracias a él, su familia se salvó de la hambruna que hubo en la tierra por ese tiempo. José fue paciente en encontrar su don, y una vez que lo descubrió, se mantuvo fiel a sí mismo, sin importar el odio, la traición y olvido por parte de los demás.

Yo no fui a la cárcel, fui a la universidad

Otro gran ejemplo de una mentalidad protagónica es Nelson Mandela, activista, político y filántropo sudafricano. Fue el primer mandatario de color que presidió el gobierno de su país y obtuvo el Premio Nobel de la Paz.

Mandela estuvo preso más de 27 años en penosas condiciones. El gobierno de Sudáfrica rechazó todas las peticiones para liberarlo. Se convirtió en un símbolo de la lucha contra el *apartheid* dentro y fuera del país, en una figura legendaria que representaba el sufrimiento y la falta de libertad de todos los sudafricanos de color.

Cuando salió de la cárcel, ya con cierta influencia política, sus compatriotas le sugirieron tomar venganza contra los blancos que lo metieron a la cárcel. En cambio, él respondió con su increíble actitud ante la adversidad: "Yo no fui a la cárcel, yo fui a la universidad a aprender".

Contrario a ello, lo que hizo fue adoptar una postura incluyente, en donde las mismas personas de raza blanca que lo juzgaron formaron parte de su gabinete.

> Mi venganza será mi perdón. La mejor forma de avanzar es perdonando.

La inspiración es contagiosa

Mi pódcast *Sinergéticos* me ha dado la oportunidad de entrevistar a seres humanos fuera de serie. He conocido historias maravillosas que han llenado de luz mi camino y el de miles de personas, pues reconocen en ellas una forma increíble de librar batallas.

Mi intención al compartirte algunas de estas historias es que conectes con ellas, que puedas aferrarte de alguna, como lo hice yo, y hacerte ver que ese poder existe dentro de ti. La fuerza interior con la que fuimos creados es la misma para todos, y solo tú tienes el control para sacarla a flote y convertirte en el protagonista de tu vida y de tu propia historia.

El chocolate mágico

A ocho mil metros de altura, si su amigo ecuatoriano se quedaba dormido, significaba solo una cosa: la muerte.

Juan Diego Martínez es el mexicano más joven en la historia en subir dos montañas de más de 8000 m: el Everest y el Lhotse.

Gracias a que soñó tocar el piano en la cima del Everest, a pesar de que todo el mundo le decía que era una locura, rompió también el récord mundial de la interpretación de piano a mayor altura.

Juan Diego me contó una gran historia que le sucedió en su expedición hacia la cima del Everest. Estando en el campamento cuatro, al borde de lo que llaman la "zona de la muerte", donde los montañistas empiezan a descompensarse por la falta de oxígeno si no suben y descienden rápido, Juan

Diego conoció a Mario, un ecuatoriano de 66 años, quien había intentado sin éxito escalar el Everest un año atrás.

Partieron del campamento a las 9 p. m., rumbo a la cima. Alrededor de las 3 a. m., a 8400 metros de altura, Juan Diego se encontró de nuevo a Mario, quien estaba sentado, hecho bolita y temblando de frío. Al verlo, Juan Diego lo sacudió y le preguntó:

—¡Mario, Mario!, ¿qué tienes?

—Estoy muy cansado y me quiero dormir. Le respondió.

Juan Diego sabía que a esa altura, si su amigo ecuatoriano se quedaba dormido, significaba solo una cosa, la muerte.

—No puedo quedarme contigo, pero no te duermas, te voy a dar algo, un chocolate mágico, es muy poderoso, lo traje desde México para mí, pero te lo obsequio. Si te lo comes te dará mucha energía y subirás como un cohete hasta la cumbre, ya verás —le dijo.

Consciente de que no podía hacer más por él, siguió su camino. Para su sorpresa, cuando venía justo bajando de la cumbre, vio llegar al ecuatoriano con una sonrisa.

—Juan Diego, ¿qué me diste? Sí que era mágico ese chocolate, me dio demasiada energía, se me quitó el sueño y pude subir, ¡lo logré!

—Mario, la verdad es que era un chocolate común y corriente. No tenía nada especial, solo esperaba que me creyeras y no te dieras por vencido. Pero me alegra ver cómo fuiste tú quien hizo la magia. Te convenciste de que el chocolate iba a hacer un cambio en ti, y mira lo que pasó.

En la vida hay dos formas de convencernos de que es posible construir un futuro extraordinario: la primera, es que la vida te golpee muy fuerte, como me pasó a mí. La segunda, por la inspiración que se detona en tu corazón cuando escuchas la historia de alguien más, y se convierte en tu barra de chocolate, en tu ficha uno y te hace descubrir que la verdadera magia se encuentra dentro de ti.

La vida es un regalo de todos los días

"Dios, si mi partida es parte de un plan más grande que yo no puedo comprender, y esa es tu voluntad, que así sea".

Emilio Betancourt es un joven emprendedor y conferencista con más de 7 años de experiencia, *coach* ejecutivo con más de 2.5 millones de seguidores en redes sociales.

Su infancia fue como la de cualquier niño, hasta que un día, mientras cursaba la secundaria, comenzó a sentir dolor en una rodilla. En ese momento no le dio importancia, pero con el tiempo, el dolor se volvió cada vez más agudo, al grado de obligarlo a usar muletas.

Visitó a un médico, quien le recomendó que se realizara una serie de estudios. Pensó que solo le darían un diagnóstico sobre su enfermedad y luego le indicarían un tratamiento, pero no fue así. Cuando entró al consultorio junto con su madre, el médico, con un tono de voz seco, le dijo que ya estaba en edad de entender que lo que tenía era cáncer, y que la probabilidad de perder una pierna era alta, debido al tipo de tumor que estaba desarrollando.

Cuando Emilio salió de la consulta, estaba en *shock*, su cabeza era un torbellino de preguntas, "¿qué va a ser de mi vida?, ¿de qué voy a trabajar?, ¿cómo me van a ver los demás?, ¿a qué mujer le voy a gustar?, ¿quién me va a amar así?, ¿yo me voy a amar así?...".

"Ese fue un momento que jamás voy a olvidar, no sabía qué era lo que sentía, creí que se trataba de una broma o un mal sueño, pero me di cuenta de que era real, cuando volteé a ver a mi madre y vi que estaba llorando", menciona.

Después de pedir la opinión de varios médicos, encontraron un especialista que vio una posibilidad de que conservara su pierna. Solo había una pequeña contraparte: lo único que podría hacer era caminar y sentarse. No podría realizar ningún otro tipo de actividad física.

A Emilio siempre le gustó el deporte, así que fue un duro golpe para él. Tardó tiempo en procesar la noticia, pero a partir de ese momento, aprendió a vivir con el cambio de nivel en el juego de su vida. Del modo fácil pasó al modo leyenda, y cada obstáculo dejó sus aprendizajes.

Luego de jornadas maratónicas en hospitales, entre quimio- terapias, operaciones y 62 puntadas de la rodilla hasta la pelvis para incrustar un tubo de titanio, comenzó a buscar opciones, a fin de continuar en el deporte.

A los 14 años incursionó en el basquetbol en silla de ruedas, donde incluso llegó a ser seleccionado. Posteriormente, comenzó a correr maratones, también en silla de ruedas, pero siempre con cierta precaución, debido a la consigna de cuidar su pierna para evitar romper la prótesis.

Cuando cumplió 18 años, después de haber sido deportista por 5, y convivido con muchos compañeros en silla de ruedas que dejaban todo en la cancha, se le presentó una complicación: la prótesis se movió de lugar. Dicha situación requería que ingresaran de nuevo al quirófano.

Ese fue un momento decisivo en la vida de Emilio. Su manera de pensar había dado un giro radical. Ya no sentía miedo al qué dirán, sabía que la verdadera discapacidad está en la mente; llamó a su médico y le dijo: "Estoy listo para que me quites la pierna".

Él sabía que esa parte de su cuerpo era un obstáculo para darlo todo y ser realmente libre.

Al día de hoy, ha corrido diversos maratones y ultramaratones. Su récord alcanza la cifra de 59 km recorridos en una silla de ruedas. Ha impartido cientos de conferencias y viajado por más de seis países alrededor del mundo, con una sola pierna.

Durante 10 años, Emilio estuvo libre de cáncer, de hecho, él ya veía esta enfermedad como un recuerdo de su niñez, pero la vida volvió a sorprenderlo a sus 24 años de edad.

Después de regresar de una competencia, con un dolor intenso en la columna, se sometió de nuevo a estudios a fin de ver qué le sucedía. Para su sorpresa, se encontró con que el cáncer había regresado, pero esta vez, en diferentes partes de su cuerpo: columna, costillas y pulmón.

El golpe fue muy duro. El pronóstico de vida que le dieron fue de dos años; sin embargo, su mente ya no lo procesó como la primera vez.

Emilio nunca volvió a caminar por la carretera de la víctima. Para ese momento, él estaba completamente reconciliado con Dios y sabía que todo era perfecto.

"Yo voy por la vida actuando como si tuviera de vida un año ocho meses, pero no voy por la vida sintiendo que me queda un año ocho meses".

Hoy, él vive con un sentido de trascendencia, sin postergar su felicidad, con prisa, pero sin miedo ni desesperanza, hoy sabe que los planes de Dios son perfectos.

"Dios, si mi partida es parte de un plan más grande del que yo no puedo comprender, y esa es tu voluntad, que así sea... Si tú crees que yo puedo hacer más en este mundo quedándome, que así sea".

Para Emilio, cada día es una bendición. Hoy, a lo que más teme no es a la muerte, sino a no vivir lo suficiente.

Todos estamos vivos, pero no todos estamos viviendo.

Mis próximas 24 horas

"Recostada en una camilla de hospital con una bata médica y un calcetín puesto, sintiendo que la vida se le iba y que sus minutos estaban contados, solo pensó: *Si hoy muero, no me llevaré ni el calcetín que traigo puesto*".

Diana Pau González es una líder, empresaria exitosa, autora, nutrióloga, *networker* y conferencista.

Cuando ella tenía 13 años de edad, su padre murió en un accidente automovilístico. Diana Pau abandonó la fe en Dios, y comenzó a sentirse enojada con la vida.

Una de las actividades que más amaba en su adolescencia era bailar, ahí volcaba toda su energía y pasión por la vida, pero un par de años después del fallecimiento de su papá, recibió otro gran golpe.

Uno de sus tíos la quería como una hija, lo que provocó los celos en una de sus primas, al grado de mandar a golpearla.

Sin medir las consecuencias, una mañana, su prima la invitó a salir. Horas después se vio tirada en la calle, sin poder defenderse. La pateaban dos personas, las que le cortaron el cabello y la golpearon hasta que alguien la rescató.

Tiempo después de lo sucedido, comenzó con problemas en la columna vertebral, y recibió la noticia de que debían operarla, y no podría bailar por un buen tiempo. Aunque estaba agradecida de estar viva, su rencor fue en aumento.

Terminó sus estudios como nutrióloga. A sus 28 años, comenzó a sentir algunos síntomas extraños en el pecho: súbitamente, sentía piquetes y calambres que le provocaban ansiedad. Se sometió a estudios médicos y recibió varios diagnósticos equivocados.

Después de un año de tratamientos incorrectos, un día, mientras estaba de viaje en Ensenada, comenzó a sentir que se asfixiaba. Asustada, acudió al hospital.

Nunca imaginó que, días después, estaría sentada en un consultorio recibiendo la noticia más dolorosa de su vida: "Tienes un tumor cancerígeno en etapa 3, del tipo linfoma folicular no Hodgkin, y no hay posibilidad alguna de operarlo por el lugar donde se encuentra alojado".

Entró en un estado de *shock*. No podía creerlo, y cuando le preguntó al médico cuáles eran sus probabilidades de vida, el doctor respondió: "Diana Pau, ¿crees en Dios?, entonces, pídele un milagro".

Para ella y su familia fue como estar viviendo dentro de un oscuro sueño. Lo que siguió fue someterse a una serie de quimioterapias y pedirle a Dios. Ese Dios del que ella estaba alejada, con el que no hablaba hacía muchos años debido a lo sucedido en su vida, y con el que no sabía cómo comunicarse.

A pesar del terrible escenario, Diana Pau decidió vivir su tratamiento con la mejor actitud. Su madre y su novio, Joaquín, estuvieron con ella cada segundo para apoyarla. Como equipo se instalaron en el hospital durante la primera etapa del tratamiento, por un mes completo. Diana Pau llenó las paredes de su habitación con afirmaciones de empoderamiento que leía cada día, como…

La mayor incongruencia es creer en Dios y vivir con miedo.

Me apego al bien porque solo el bien es real.

No le tengo temor a nada, soy mi propia causa, buena, perfecta y eterna.

Dios, concédeme la serenidad para aceptar las cosas que no puedo cambiar, valor para cambiar aquellas que sí puedo, y sabiduría para distinguir la diferencia.

Después de salir del hospital, durante 18 meses, Diana Pau regresaba cada mes para tomar sus quimioterapias. El lugar donde se sometía al tratamiento era una sala compartida con varios pacientes. Ahí conoció a tres mujeres con el mismo tipo de cáncer que ella, ubicado en la misma zona y bajo el mismo tratamiento. Con el tiempo se hicieron amigas de hospital, se brindaban apoyo y se alentaban mutuamente.

Un día en su casa, Diana Pau decidió llamar a una de ellas, pues hacía tiempo que no la veía. Después de varios intentos por teléfono, una voz de hombre contestó, era el papá de esa chica. Con temor, preguntó por su amiga, y recibió la triste noticia: una noche antes había muerto. El tumor había crecido demasiado y se había asfixiado mientras dormía.

Ese suceso se repitió meses después con sus otras dos amigas, ¿sería ella la siguiente?, pensó. El miedo se apoderó de ella; los días se hicieron muy largos, no quería dormir por temor a no despertar al día siguiente. Su cuerpo ya no podía más de cansancio; en su desesperación, sintiendo que ya no había nada que perder, tuvo una profunda plática con Dios.

La petición era clara: "Señor, si de verdad existes, solo te pido una cosa: que me dejes despertar". Diana Pau, muy cansada, soltó todo su miedo y se durmió. A la mañana siguiente, cuando abrió los ojos, lloró de felicidad y sintió un enorme agradecimiento con Dios. Entonces, le hizo una nueva petición: "Si me regalas 24 horas, te prometo vivirlas al máximo, con propósito y significado, como si fueran las últimas de mi vida".

De nuevo, a la mañana siguiente, Diana Pau abrió los ojos y, con el corazón inundado de gratitud, hizo una nueva petición: 24 horas más. Así pasó un día tras otro, con la misma petición y promesa de vivir como protagonista y no como víctima.

Milagrosamente, el tumor ya no aparecía en las tomografías; sin embargo, tenía que terminar su tratamiento para confirmar el diagnóstico. Cuando llegó su última quimioterapia, Diana Pau ya tenía una relación profunda con Dios, pero aún le faltaba atravesar una fuerte prueba.

Lo que parecía la luz al final del camino, se complicó cuando recibió la última quimioterapia, pero estaba contaminada. Bastaron unos minutos después de pasar el líquido por su sangre, para que comenzara a sentir que algo estaba mal en su cuerpo.

Cada hora se volvió más crítica, hasta que finalmente se desvaneció. Ese día, Diana Pau, sin entender lo que estaba pasando, pensó que sería el final. Recuerda haberse visto en la cama del hospital, desnuda, solo con una bata médica y un calcetín puesto. Entonces pensó: *Si hoy muero, no me llevaré ni el calcetín que traigo puesto.*

Sin importar todo lo que hayas trabajado, todo lo que hayas conseguido, al final, no te llevas nada. Lo único que se queda contigo son tus experiencias y momentos vividos.

Por fortuna, la bacteria que invadió su cuerpo fue atacada, y Diana Pau tardó 22 días en salir de la crisis.

Finalmente, el tumor desapareció. El milagro del que le habló aquel médico se hizo realidad.

Desde entonces, Diana Pau se despierta cada día y da gracias por ver de nuevo la luz; le pide a Dios que le conceda 24 horas más para vivir con propósito y significado, comprometida con ayudar a otros a valorar su vida, a que conozcan el amor de Dios y a disfrutar cada día al máximo, como si fuera el último.

Su historia ha dado la vuelta al mundo, y su filosofía de vida se ha convertido en un modelo a seguir para miles de personas.

No es lo mismo creer en Dios, que creerle a Dios.

Cuando ser fuerte es tu única opción

Una vez que pasas por el puente del dolor y lo trabajas, el siguiente paso es darle sentido a eso que te sucedió.

Alejandra Castañeda es una mujer que desde los 7 años tenía claro su sueño: ser conductora de radio, pero nunca imaginó que lo lograría después de sobrevivir a circunstancias tan complicadas en su camino.

Ale había conseguido lo que parecía una vida perfecta: estaba casada y tenía dos hijos, una niña y un niño, tal como lo planeó. A pesar de ser una mujer muy activa, decidió ser una mamá presente, sus hijos eran muy pequeños y se dedicaba de tiempo completo a cuidar de ellos. Así lo tenía planeado, por lo menos hasta que terminaran la primaria.

Lo que no tomó en cuenta es que la vida no te avisa cuando los planes cambian, no te previene para la llamada de un desconocido que te dice: "Ale, soy tu vecina, tienes que ser muy fuerte, tu casa se está quemando".

Un poste de luz cayó sobre la casa y provocó que se incendiara. Esa noche, Ale y su esposo salieron a un compromiso, y solo estaban sus hijos y la persona que los cuidaba.

Cuando llegó al lugar había patrullas de la policía, ambulancias, bomberos, vecinos; unas 300 personas. El área estaba cercada y era imposible entrar debido al peligro que representaba el humo. Todo era caos y nadie se atrevía a decirle que sus hijos estaban dentro.

Su mamá y hermana, sumidas en el dolor, no pudieron darle la noticia, le dijeron que sus hijos se encontraban bien, pero su intuición le decía que algo estaba muy mal.

Ale, sin poder permanecer en pie, se sentó en la banqueta con su papá a un lado, observando cómo todo se consumía. Ella sabía que su padre no iba a mentirle y era el único que tendría la fuerza para decirle la verdad. Así, con la voz entrecortada y mucho miedo, le preguntó:

—Papá, ¿Dante murió?

—Sí —respondió él.

—Y Regina… ¿también?

—Sí, hija, lo siento mucho.

Ese día supo lo que significaba quedarse sin nada. Todo quedó hecho cenizas, lo único que quedaba en pie eran las paredes de lo que alguna vez fue su casa. Sintió lo que significaba morirse en vida.

Ale y su esposo fueron detenidos esa misma noche hasta que todo se aclaró, y los dejaron en libertad.

El dolor no terminó ahí, la noticia del accidente se volvió viral en las redes sociales y medios de comunicación. Durante semanas se habló del caso; Ale recibió miles de mensajes con agresiones hacia su persona. Comentarios como "qué bueno que se murieron tus hijos por andar en la fiesta".

Ale estuvo emocionalmente muerta durante un año: tiempo que duró su noche más oscura. Se dedicó a buscar respuestas en todos lados, pero nada le hacía sentido.

Cuando no encuentras la respuesta que estás buscando, tú tienes que diseñar la tuya.

Entonces, comenzó a escribir sobre lo que le sucedió. Plasmó por escrito todo lo que sentía, con la idea de que sus vivencias le sirvieran a alguien más. Estudió tanatología, es decir, sobre cómo lidiar con las pérdidas y pasar por el duelo; descubrió las cinco etapas por las que pasa una persona que pierde algo o a alguien importante: la negación, la ira, la negociación, la depresión y la aceptación. Sin embargo, ella fue más allá y le añadió una sexta etapa: la ayuda a otros.

Esa fue su manera de hacer catarsis y entender cuál era su misión en la vida. Mil veces se preguntó por qué no murió también ella en ese incendio; su respuesta llegó después de mucho trabajo personal. Entendió que si se había quedado, era para hacer algo más grande.

Si puedo contarte esta historia, es porque hoy Ale es una conductora exitosa. Gracias a su círculo de apoyo y al trabajo con ella misma, pudo sobreponerse a la mayor tragedia que una madre puede experimentar.

Ale eligió aceptar sus circunstancias y transitar como la protagonista de su vida. Entendió que el único camino para sobrevivir y honrar la memoria de sus hijos, era tomar el control y darle un verdadero significado a lo sucedido, sirviendo y ayudando a otros a salir adelante.

El poder de la inspiración es una fuerza que nos impulsa para accionar, superar los obstáculos y transformar nuestra mentalidad.

Yo soy quien más se ha transformado con estas historias. Cada una me recuerda lo frágil que soy y lo fuerte que puedo llegar a ser.

Deseo de corazón que se conviertan en tu motor para transitar por la carretera del protagonista. No necesitas pasar por una tragedia ni ser una víctima para tomar el control de tu vida.

Lo primero que debes tener claro es que no estás solo, te tienes a ti. No se trata solamente de ser positivo y pensar que todo va a ir mejor. Es hacerte cargo de tus emociones y hacer lo necesario por salir adelante. Trabajar en tu mentalidad te da la claridad necesaria para dar los siguientes pasos.

Renuncia a todo lo que no le aporte a tu estabilidad mental. Existen personas que en lugar de hacerte sentir bien, lo único que hacen es alimentarse de tus miedos e inseguridades para debilitarte. Aprende a alejarlas antes de que se conviertan en relaciones problemáticas.

Recuerda que, como dice el dicho: "Al que a buen árbol se arrima, buena sombra le cobija". Alimenta tu mente de cosas y personas que la nutran.Cuestiónate, ¿en qué modo estás jugando tu vida?, y date cuenta lo corta y frágil que es. No pierdas tiempo en el dolor, enfócate en ser feliz y en las personas que te aportan, pero, sobre todo, en ser tú quien sume a la vida de otros seres humano.

Pepitas sinergéticas:

- La diferencia entre la gente exitosa y la gente extremadamente exitosa, es que esta última se la cree.

- Toma la autopista de protagonista.

- En las adversidades están las lecciones de sabiduría que necesitas rescatar.

- Para ser parte de la solución, primero necesitas ser parte del problema.

- Si quieres cambiar tu vida, cambia tus pensamientos.

- Tu mente es como tierra fértil, todo lo que siembres en ella va a crecer, tanto lo bueno como lo malo.

- La inspiración es contagiosa, busca tu ficha uno.

- Inspirados, tenemos más energía, podemos ver las cosas de manera más optimista.

- La verdadera magia se encuentra dentro de ti.

- La vida es un regalo que recibimos todos los días.

- Cuando no encuentres las respuestas, créalas.

- Los que más dan son los que más reciben.

Capítulo 5

TU REPETICIÓN ES TU REPUTACIÓN

> "La fórmula para derribar un árbol está basada en salir todos los días y golpear con un hacha afilada el mismo árbol, en el mismo lugar hasta derribarlo."

La mayoría de los objetivos importantes, además de una mentalidad protagonista, requieren de mantener un esfuerzo continuo y sostenido, de llevar a cabo una serie de acciones y adoptar actitudes que incluyen determinación, disciplina, pero sobre todo, paciencia.

La constancia es una virtud fundamental para alcanzar la excelencia en cualquier ámbito, es la capacidad de mantener un trabajo enfocado hacia una meta, a pesar de las dificultades y obstáculos que puedan surgir en el camino.

Las acciones reiteradas son lo único que nos lleva a desarrollar maestría. Esta nunca se logra de la noche a la mañana, requiere un compromiso de mejora continua a largo plazo.

119

Estoy donde estoy gracias a la repetición. En el internado, me aprendí de memoria gran parte de la Biblia gracias a que la leí una y otra vez. Estando en las pandillas, me hice experto en los golpes porque entrenaba a diario. En la universidad, lo que me hizo mantener la beca con promedio de 10 fue desarrollar un sistema que me ayudara a lograrlo. Yo sabía que no podía confiar solo en mi talento, por lo que compré un cuaderno especial para hacer guías diariamente. Usaba cuatro plumas de diferente color —azul, negra, verde y roja—. Este método ayudaba a dar estructura a mi mente a la hora de estudiar los cuestionarios. Con la roja escribía el título; con la verde, el número; con la azul, la pregunta y con la negra, la respuesta. Eso fue lo que me permitió obtener buenas calificaciones, acabar la carrera y llegar hasta el doctorado.

La repetición, como principio fundamental, se ha convertido en una constante en mi vida y ha demostrado ser una de las claves para alcanzar resultados notables en el desarrollo de mi marca personal. Una de las acciones concretas que ilustra este concepto es la grabación de contenido de manera constante. Desde el 2 de agosto de 2020, me puse la meta por 10 años de grabar cuatro videos al día.

Esta práctica cotidiana ha demostrado ser un verdadero catalizador en la construcción y proyección de mi marca personal. La consistencia en la creación de contenido ha generado un flujo constante de información y conexiones con mi audiencia a lo largo del tiempo. Hoy, 3 años después, publicamos más de 80 clips de video cada día en diversas plataformas de redes sociales.

James Clear, en su libro *Hábitos atómicos*, nos habla de que los pequeños hábitos son parte de un gran sistema. Así como los átomos forman moléculas, los hábitos atómicos son la base para grandes resultados.

Su método consiste en hacer pequeños cambios que detonen otros pequeños cambios, y así sucesivamente.

> "El éxito es el producto de nuestros hábitos cotidianos, no de transformaciones drásticas que se realizan una vez en la vida".
>
> —James Clear

Por lo tanto, hacer modificaciones en nuestra conducta tiene que ver con lo que somos y queremos ser. La clave, como menciona Clear, está en el sistema de hábitos, no en la meta. No se trata de tener un hábito que se olvide después de llegar al propósito, sino de crear un sistema continuo que opere por siempre en nosotros.

Desarrolla hábitos que vayan encaminados a cumplir tus sueños, no los de alguien más. Solo así podrás disfrutar el proceso, de lo contrario, será fácil abandonarlos.

Cuando tenemos claridad de hacia dónde vamos, el camino se convierte en un trámite que, tal vez, implique atravesar tormentas y hasta huracanes, pero cuando nuestro sueño es más grande, cada obstáculo que cruzamos se convierte en una recompensa.

Durante mi etapa en la universidad, fui a trabajar un tiempo a Estados Unidos. Tenía un automóvil que me compró mi tío Ramiro; costó 600 dólares. Él organizaba eventos y me mandaba con mis primos a trabajar a varios lugares, pero yo no tenía ni para comer. A mis primos les daba coraje que me pagaran lo mismo que a ellos y se burlaban de mí. Pero en aquel momento, yo tenía claridad y entendía muy bien que *tu repetición es tu reputación*, sabía lo que estaba sembrando y, gracias a eso, hoy me encuentro en el lugar donde estoy.

Reputación real o aparente

Eres lo que haces, no lo que dices que haces. La reputación es una idea que se forma a partir de la perspectiva de los demás. Para entender el concepto de reputación hay que tomar en cuenta que hay dos tipos: la aparente y la real.

La reputación real se basa en el ser, nuestra esencia, en lo que deseamos para nosotros y cómo nos sentimos con nosotros mismos.

Desafortunadamente, la mayoría de las personas nos enfocamos en alimentar más la reputación aparente, basada en lo que otros piensan de nosotros.

Hoy más que nunca, debido a la influencia de las redes sociales, nos preocupa sobremanera lo que otros opinan y, por ello, mostramos al mundo una imagen maquillada. Sin embargo, somos lo que hacemos, no lo que decimos que somos.

Mantener una reputación aparente en un mundo donde hay un exceso de información, ha forzado a las personas a buscar recompensas rápidas, atajos para sobresalir, sin tomar en cuenta que lo que fácil llega, fácil se va.

La reputación real es sólida, no es algo de un día sí y otro no, es un mecanismo de influencia que afecta desde la vida personal hasta las relaciones laborales, y sostenerla conlleva tiempo y acciones constantes. Una de las claves para mantenerla es la congruencia. Lo que sientes, piensas y dices, debe estar en concordancia con lo que haces. Solo así lograrás generar confianza y credibilidad frente a los demás y frente a ti mismo.

Arturo Elías Ayub, para mí, un gran mentor y ejemplo de cómo se construye una reputación sólida en el tiempo, me dio uno de los consejos más importantes que he recibido: "Cuida tu nombre, es lo que más vale".

El éxito se construye de la noche a la mañana en 10 años.

Hace algún tiempo escuché una entrevista que le hicieron al narrador deportivo Christian Martinoli, sobre cómo había llegado hasta donde estaba, y por qué le iba tan bien. Él respondió: "Todo tiene que ver con el ahínco, las ganas, el orgullo, la preparación y el sacrificio. Hoy en día, la mayoría lo quiere todo más sencillo, quieren dinero rápido, no saben esperar los frutos del trabajo ni pretenden sacrificar nada… Lo que determina quién puede ser superior a otro laboralmente, es la calidad, las ganas de querer trascender en lo que está haciendo, la capacidad de sacrifico, el raciocinio y la preparación".

Solo enfocándote en la reputación real podrás alcanzar cambios significativos y sostenibles en tu vida.

La repetición se basa en una sencilla fórmula que consiste en hacerte consciente de estos tres pasos:

1. Levántate todos los días con la mejor actitud.
2. Un día a la vez.
3. Hoy lo voy a hacer mejor que ayer.

Parecen acciones sencillas, pero estos pasos no servirán de nada si no tienes claro tu objetivo. Es probable que haya momentos de frustración y desaliento; puede ser fácil caer en la tentación de rendirse, no obstante, si sabes cuál es tu meta, llevarlos a cabo diariamente cobrará sentido.

Un día me encontraba haciendo guías de estudio en la universidad, y 10 años después estaba recibiendo un doctorado, gracias a que tenía claro lo que quería lograr.

Solo aquellos que desarrollan carácter a través de la repetición, se mantienen firmes a pesar de los desafíos, y continúan trabajando duro, aprendiendo y mejorando hasta alcanzar maestría en su área.

Todas las personas exitosas han enfrentado fracasos, pero han triunfado gracias a que son perseverantes, se resisten a la distracción y, por el contrario, se concentran en los resultados que van logrando y en cómo siguen avanzando hacia sus metas.

"No es lo que hacemos de vez en cuando lo que da forma a nuestras vidas, es lo que hacemos consistentemente".

— Tony Robbins

○ ○ ○

Disfruta el juego paso a paso

Michael Jeffrey Jordan es el ejemplo perfecto de enfoque y disciplina. Fue rechazado en varias ocasiones a lo largo de su vida; no fue tomado en cuenta para formar parte del equipo principal de la escuela secundaria a la que acudía. A pesar de todo, siguió entrenando diariamente a las 6 de la mañana, porque dejar de intentar es perder la oportunidad.

En su caso, su fuerza de voluntad lo llevó a enfocarse, a repetir una y otra vez las bases del baloncesto, los gestos, los movimientos, los *driblings*, hasta lograr maestría y hacerlo de forma sistemática en el terreno de juego, convirtiéndose así en el mejor jugador de baloncesto de todos los tiempos.

Alcanzar ese nivel de excelencia fue el resultado de haber entrenado por muchos años, sumado a su fuerza de voluntad y mentalidad de éxito.

Todo su éxito fue a base de prueba y error. A pesar de haberse equivocado tantas veces, Jordan siempre mantuvo intacta su actitud y perseverancia. Cuando fallaba, lejos de frustrarse, pensaba en lo que tenía que hacer para mejorar y meter esa canasta la próxima vez.

Ganó 6 anillos con los Chicago Bulls, 10 títulos como el máximo anotador, 5 MVP (Most Valuable Player) de la temporada, 6 MVP de las finales. Fue nombrado en "El mejor quinteto de la NBA" en diez ocasiones; en el "Defensivo", nueve veces; líder en "Robos de balón" durante tres años, y un premio al mejor defensor de la temporada.

Desde 1983 ha aparecido en la portada de la prestigiosa revista deportiva *Sports Ilustrated* en 50 ocasiones, un impresionante récord, además de ser designado deportista del año en 1991 y mejor atleta del siglo XX por ESPN.

Actualmente, tengo la fortuna de contar con un pódcast cuya audiencia es increíble, lo cual me permite entrevistar a personas fuera de serie, y darme cuenta de que los más exitosos son los que más errores cometen. En cambio, los que se flagelan con sus errores y dejan de intentar son quienes no trascienden.

"He fallado más de nueve mil tiros en mi carrera. He perdido casi trescientos partidos. Veintiséis veces han confiado en mí para tomar el tiro que ganaba el partido, y lo he fallado. He fracasado una y otra vez en mi vida, y es por eso que tengo éxito".

—Michael Jordan

La carta de Edison

Un día, Thomas Alva Edison llegó a casa y le dio a su mamá una nota de parte de su maestro.

Los ojos de su madre estaban llenos de lágrimas cuando leyó en voz alta la carta que le trajo: "Su hijo es un genio, esta escuela es muy pequeña para él y no tenemos buenos maestros para enseñarle, por favor, enséñele usted".

Años más tarde, Edison encontró la misma carta doblada en el marco de un dibujo en el escritorio. En el papel estaba escrito: "Su hijo está mentalmente enfermo y no podemos permitirle que venga más a la escuela".

Edison lloró por horas, y después escribió en su diario:

"Thomas Alva Edison fue un niño mentalmente enfermo, pero por una madre heroica, se convirtió en el genio del siglo".

A pesar de que fue catalogado por su maestro de primaria como un alumno incapaz e improductivo, Edison comprobó, a lo largo de su carrera científica, que:

> "La genialidad se compone 1 % de inspiración y 99 % de transpiración".

En lugar de ver los intentos fallidos como una derrota, Edison los veía como un proceso de aprendizaje y una oportunidad para mejorar y avanzar hacia su objetivo. En lugar de rendirse, continuó probando y experimentando, hasta que finalmente, encontró la solución que funcionaba. Su repetición se convirtió en su reputación.

Thomas Alva Edison ha pasado a la historia por marcar un antes y un después en el alumbrado eléctrico. Aunque el científico estadounidense no fue el inventor de la bombilla incandescente, fue pionero en inventar un modelo comercialmente viable fuera de los laboratorios. Pero su legado va mucho más allá: registró más de mil patentes en Estados Unidos. Entre sus inventos, destacan un contador electrónico de votos, el fonógrafo, el quinetoscopio y una batería alcalina para autos eléctricos.

La innovación no ocurre de la noche a la mañana, requiere un proceso de aprendizaje y mejora continua. Esta actitud de persistencia, resiliencia y aprendizaje constante es fundamental para lograr el éxito en cualquier campo.

Muchas personas se rinden después de un par de intentos equivocados y asumen que no están destinados a tener éxito. Sin embargo, Edison nos recuerda que cada fracaso es una oportunidad para aprender algo nuevo y avanzar hacia nuestro objetivo. Cada intento fallido nos acerca un poco más a la solución final.

"No he fracasado, he encontrado diez mil maneras que no funcionan".

La práctica es la madre de todas las habilidades

Los investigadores han descubierto que la excelencia en la realización de una tarea compleja requiere de un mínimo determinado de horas de práctica.

En su libro *Fueras de serie, (Outliers)* Malcom Gladwell explica con lujo de detalles qué hay detrás de aquellos que alcanzan el éxito.

En la obra, se analiza la trayectoria de personas como los integrantes de The Beatles, Mozart o el mismo Bill Gates, y se concluye que todos ellos necesitaron al menos 10,000 horas de práctica, es decir, de repetición, para convertirse en los mejores de su área. Los que están en la cumbre, no se han esforzado un poco más que los demás, han trabajado y se han esforzado mucho, mucho más.

Parece que el cerebro humano requiere esas 10,000 horas de práctica para asimilar el conocimiento necesario que lo lleve a alcanzar una maestría verdadera.

Esta teoría está fundamentada en el estudio realizado por el psicólogo Anders Ericsson en el siglo pasado, quien analizó el comportamiento y avance en las habilidades de un grupo de alumnos de un conservatorio de música, para ver quiénes llegaban a destacar más entre el resto. Sin embargo, otros no lograban alcanzar un determinado nivel. La conclusión a la que llegó el experto fue clara: a más horas de dedicación, mayor nivel conseguido.

El éxito es, en definitiva, el resultado de la combinación de talento y preparación, pero entre más profundo observamos a los mejor dotados —quienes han logrado resultados extraordinarios en sus vidas—, menor parece el papel que juega el talento, y mayor el que desempeña la repetición y la preparación.

Pepitas sinergéticas:

- Las acciones reiteradas son lo único que nos lleva a desarrollar maestría.

- Desarrolla hábitos que vayan encaminados a cumplir tus sueños, no los de alguien más.

- Eres lo que haces, no lo que dices que haces.

- Levántate todos los días con la mejor actitud.

- Un día a la vez.

- Hoy lo voy a hacer mejor que ayer.

- La práctica es la madre de todas las habilidades.

- El éxito es el producto de nuestros hábitos cotidianos.

- La genialidad se compone 1 % de inspiración y 99 % de transpiración.

- La innovación requiere un proceso de aprendizaje y mejora continua.

"Si quieres ser el mejor de tu ciudad, tienes que entrenar como el mejor de tu país.

Si quieres ser el mejor de tu país, tienes que entrenar como el mejor del mundo.

Si quieres ser el mejor del mundo, tienes que entrenar como el mejor de toda la historia.

Y si quieres ser el mejor de todos los tiempos, tienes que aprender a hacer lo que nunca nadie ha hecho".

Capítulo 6

AUTO CONOCIMIENTO

> El conocimiento es poder, pero el autoconocimiento es empoderamiento.

El paso número uno para alcanzar todos tus objetivos, tanto personales como profesionales, es el autoconocimiento. A medida que entendamos cada una de las partes que nos componen, y cómo influyen en nuestro entorno, será más fácil diseñar un camino para triunfar.

La clave del autoconocimiento está en descubrir cuáles son las cosas que nos llenan de satisfacción, así como los obstáculos internos y externos que pueden interferir en el camino hacia el cumplimiento de nuestros sueños.

La trampa del "éxito"

Nos han dicho que ser una persona exitosa significa tener una carrera profesional, dinero, fama, una casa lujosa o libertad financiera.

Siendo dueño de varios negocios prósperos, mi historia parecería "una vida de éxito" ante los ojos de la mayoría de acuerdo con esta perspectiva; sin embargo, aunque los resultados están ahí y hablan por sí solos, no significa que siempre amé lo que hacía o que era feliz.

En realidad, no tenía consciencia sobre si me apasionaba o no mi trabajo y mi profesión. Ni siquiera me lo cuestionaba, no fue sino hasta los 35 años que finalmente lo descubrí.

Cuando conocí a Gabino Ramírez —uno de los ángeles que aparecieron en mi vida para hacer sinergia, y del que hablé anteriormente—, me inspiré para ser abogado, pero en esos momentos, no me pregunté si era algo que de verdad me gustaba o deseaba hacer. Lo hice por admiración a él, quien entonces era mi evidencia de éxito más cercana, mi mentor y mi inspiración.

En mi vida me he regido por principios, y uno de ellos es que *el alumno no aprende del maestro que no admira,* y era tanta mi admiración que cuando terminé la preparatoria, no me cuestioné lo que me gustaba, solo visualicé a través de él lo que podría llegar a ser.

Cuando estudiaba la licenciatura, le pregunté a uno de mis maestros —quien era doctor en Derecho, y que para mí representaba una persona exitosa—, cuánto dinero ganaba por dar clases. Él me mostró su cheque, que en mi contexto significaba mucho dinero. Esta evidencia me dejó ver que podría ganar más dinero haciendo lo mismo, lo que me impulsó a estudiar mi primer doctorado.

La realidad es que nunca hice una pausa en mi vida para hacerme la pregunta mágica; quizá la más importante para cualquier persona antes de elegir a qué dedicarse:

¿Qué es lo que realmente me apasiona?

En mi caso, fue "de rebote" que descubrí para qué soy bueno y qué es lo que amo hacer.

Una de mis películas favoritas es *Forest Gump,* porque muestra cómo, gracias a la inocencia de Forest —el protagonista—, al superar cada una de las duras circunstancias con las que se enfrentó, el destino lo fue llevando "de rebote" para descubrir su propósito y cumplir su misión de vida.

"La vida es una caja de bombones. Nunca sabes qué te va a tocar".

Si reviso y conecto los puntos hacia atrás, puedo ver las señales que me indicaban el camino hacia lo que más me apasiona hacer, que es enseñar y hablar en público.

Recuerdo las horas que pasaba frente al espejo preparando mis ponencias para los concursos de oratoria. No era muy consciente, pero sabía que me gustaba esa sensación cuando recibía los premios y cuando la gente se ponía de pie después de mi conferencia.

Asimismo, recuerdo que en mi etapa de docente, dar clases era algo que disfrutaba mucho. Amaba estar en el salón con mis alumnos y me apasionaba contar historias. El tiempo pasaba muy rápido, la clase terminaba a las 10 p. m., pero nadie se quería ir, seguían las preguntas y los comentarios, y yo fluía como pez en el agua. Después, llegaba a casa emocionado, aún con la adrenalina del momento, a contarle a mi mujer cómo me había ido en la universidad.

Mis estudiantes me admiraban tanto, que me eligieron 28 veces como padrino de generación. Sin tener aún claridad de mi verdadera pasión, sabía que me gustaba enseñar, y sentía que conectaba fácilmente con mis alumnos.

Cuando mi marca personal comenzó a tomar fuerza en las redes sociales, llegaron las invitaciones para participar en diferentes TEDx, y empresarios de toda la república empezaron a pedirme conferencias. Poco a poco, "de rebote", mi agenda comenzó a llenarse de eventos donde me invitaban a participar como ponente. Fuera de incomodarme, por la logística de viajar de un lugar a otro, me di cuenta de que me llenaba de plenitud sin importar lo que implicaba.

Después de cada conferencia recibo decenas de mensajes de personas que se sienten identificadas conmigo y eso es algo invaluable. Encontré en mi voz el vehículo ideal para sembrar en la gente que me escucha mi mensaje de sinergia. Hoy sé con total certeza que hablar en público es lo que más me apasiona, y mi deseo es hacerlo por el resto de mi vida.

Mi compadre Memo me dice bromeando, "Jorge, sé que amas los escenarios, pero no olvides que tenemos demasiado dinero invertido en nuestros negocios, no nos abandones". Él reconoce que, cada vez que bajo de un escenario, me siento más vivo que nunca, y que mi mente solo está pensando:

Cómo puedo aportar más valor la próxima vez que me toque estar arriba.

Tengo apenas 2 años dictando conferencias, y me queda claro que el camino aún es largo por recorrer. *Soy lento, pero no tonto,* cada vez que la vida me pone frente a algún conferencista reconocido, de inmediato le hago esta pregunta:

¿Qué es lo que no sé, que tengo que saber para lograr tus resultados?

Cada una de esas respuestas la atesoro y la pongo en práctica de inmediato. Sé que si aplico estas joyas de sabiduría, un día seré un conferencista de talla mundial.

Querido lector, si no te sientes en plenitud haciendo lo que haces, te invito a detenerte, haz una pausa en tu vida para contestar con honestidad la pregunta mágica que yo tardé tanto en hacerme.

¿Qué es lo que realmente te apasiona?

Responde con toda sinceridad. No te dejes llevar por la rutina y aléjate de la trampa del éxito, no sigas el sueño de alguien más, no te engañes tratando de convencerte de que lo que haces es tu sueño cuando en realidad no lo es. Como dijo Steven Covey:

"Qué sentido tiene subir la escalera de la vida y del éxito, si al final descubres que tu escalera estaba recargada en la pared equivocada".

No obstante, si de pronto en este momento no sabes qué es lo que te apasiona, no te angusties ni tengas prisa por encontrarlo, solo no dejes de hacerte la pregunta mágica. Presta atención a las señales y ten confianza, que la vida te irá llevando por el camino que te corresponda vivir.

El éxito comienza desde el momento que crees que es posible. Un día asistirán diez mil personas al Auditorio Nacional a una convención que se llamará *Sinergéticos*. Todos los asistentes sabrán lo que significa la filosofía **1+1= 3**; estarán ahí con la convicción de que son sinergéticos y quizá tú seas una de ellas, gracias a que este libro llegó a tus manos. Ese momento va a llegar, no sé cuándo, pero con calma que llevo prisa.

El autoconocimiento es esencial en tu camino para descubrir no solo lo que amas, sino también para lo que eres bueno. Dentro de ti están todas las respuestas.

Toma media hora contigo todos los días, cierra los ojos, observa tu respiración, medita y escucha tu voz interior. Los filósofos más grandes de la historia tomaban un tiempo para su autoconocimiento; se sentaban a contemplar su interior, conscientes de que es ahí de donde emana la verdadera sabiduría.

Hoy, gracias a este ejercicio, me he dado cuenta de que no conocía mucho de lo que hoy puedo ver en mí. No solo descubrí "de rebote" lo que amaba; también me di cuenta de mi habilidad para hacer sinergia, conectar personas y potenciar sus talentos.

> No se puede ganar en el juego exterior sin haber vencido el juego interior.

Mi primera fiesta de cumpleaños

De niño, debido a las circunstancias de mi infancia, nunca tuve una piñata de cumpleaños. De pequeño era fan de las Tortugas Ninja, y mi sueño siempre fue tener una piñata de esos personajes.

Ya de adulto y recién casado, un día le dije a mi esposa: "Amor, llegó el momento de hacer mi primera fiesta de cumpleaños, y quiero 4 piñatas, una de cada uno de los personajes de las Tortugas Ninja: Michelangelo, Donatello, Rafael y Leonardo. Quiero una fiesta con brincolines, mariachis y comida de tres tiempos…". Como decimos en México, *eché la casa por la ventana,* invité a todos mis clientes y amigos. Me

141

aventé un fiestononón, parecía más una boda que una fiesta de cumpleaños.

La realidad es que me estaba reencontrando con Jorgito, mi niño interior. Lo que en el fondo deseaba era el reconocimiento que nunca había tenido y que tanto anhelaba desde pequeño, quería que me aplaudieran cuando rompiera mi piñata, que me cantaran Las mañanitas y pedir un deseo mientras soplaba las velitas del pastel. Pero en el fondo, lo que más deseaba es que vieran que ya la había "armado", que ahora era un hombre de éxito y tenía los recursos para hacer una fiesta así.

Me la pasé de maravilla rompiendo mis piñatas, compartiendo y disfrutando con mis amigos. De todas las amenidades, solo hubo una por la que no pagué: un futbolito. Las personas que llevaron los brincolines para los niños de mis clientes tuvieron el detalle de dejarme un futbolito gratis.

Aunque en esos momentos no hice mucho caso al respecto, jamás imaginé que, horas después, lo único en lo que no gasté, se convertiría en el centro de atención de todos los asistentes.

No fue la música, ni las piñatas de las 4 Tortugas Ninja, ni el brincolín ni la comida. En plena hora de los mariachis, mis 35 amigos y clientes —los poderosos, como yo les digo—, estaban jugando retas bañados en sudor, gritando de emoción y riendo como niños.

No podía creerlo, los veía intrigado. Me preguntaba por qué no le hacían caso al mariachi ni a sus esposas, quienes estaban enojadas porque querían bailar.

Yo nunca había jugado futbolito, eso no estaba permitido en el internado. Me sentía frustrado, y solo me dediqué a observar lo que estaba sucediendo.

Terminada la fiesta, le dije a mi esposa: "Amor, toca aprender a jugar futbolito".

Días después, yendo en la carretera rumbo a Puerto Vallarta con mi compadre Memo, platicábamos sobre una gran oportunidad que se nos presentó de nuestro negocio inmobiliario, para el cual necesitábamos mucho capital; aproveché el momento y le comenté:

—Compadre, vamos a comprar un futbolito, cuesta 350 dólares; haremos mucho dinero con él.

—¿Qué traes, compadre? —contestó muerto de risa.

—Confía en mí, me acabo de dar cuenta de algo. Tú solo confía.

Cuando terminé de platicarle mi idea le hizo mucho sentido y lo aplicamos.

El dinero se encuentra donde está la atención de las personas.

Me preparé jugando futbolito por dos meses. Mi esposa y yo veíamos a diario tutoriales en YouTube para dominar la técnica. Llegado el momento, organicé un torneo en mi casa. Los 35 amigos y clientes que estuvieron en mi fiesta de cumpleaños, junto con sus esposas, eran parte del mundial de futbolito. Los segmenté en equipos, de tal forma que se juntaran cinco cada semana.

Después de 2 años del torneo, surgieron varios negocios rentables, comisiones, conexiones, amistades y muchas risas. Sin embargo, más allá de lo económico, la satisfacción más grande que obtuve fue el brindis de la Sra. Mónica, esposa de uno de mis clientes:

"Tengo 35 años de casada y estaba a punto de divorciarme. Nuestros hijos se fueron, y mi esposo y yo éramos como dos desconocidos en casa, ya ni siquiera amigos. Hoy, gracias al torneo de futbolito, nos reencontramos".

Con esto no quiero decir que la solución a tus problemas sea comprar un futbolito. Llevo varios años estudiando, tengo una maestría en *marketing* digital e *E-comerce*, y una especialidad en *marketing* jurídico y desarrollo de negocios, es decir, sé muy bien cómo entregar valor a las personas y cómo usar la mercadotecnia a mi favor. Lo que sucedió con el torneo de futbolito, desde la terraza de mi casa, fue que creé un *funnel*.

Un *funnel* o embudo de conversión se compone de 4 letras: AIDA (atención, interés, deseo y acción). Todos queremos que nos compren, pero cómo logras llegar ahí, cómo logras que las personas te pongan atención y se interesen en ti. En mi caso, encontré la manera de reunirlos para que jugaran, comieran, se divirtieran y se relajaran, y créeme, cuando la gente se relaja empieza a hablar desde el corazón. Las relaciones se vuelven genuinas, y entonces surgen los negocios. *Fondo antes que forma.*

"El 100 % de los clientes son personas. El 100 % de los empleados son personas. Si no entiendes a las personas, no entiendes el negocio".

—Simon Sinek

145

Lo que realmente descubrí con todo esto, fue que más que un abogado y un buen empresario, yo era un gran conector.

Un grave error que se comete en el emprendimiento es ponerse solo la camiseta de nuestra profesión y, muchas veces, no ver las otras oportunidades de negocio que se presentan a nuestro alrededor, las cuales en ocaciones, pueden ser mucho más lucrativas y apasionantes.

En mi autoconocimiento, aprendí la importancia de descubrir para qué soy bueno; lo mío es conectar personas y conectar con las personas. Gracias a lo sucedido en mi fiesta de cumpleaños, pude detectar mi habilidad para hacer sinergia.

Después del futbolito, le marqué a mi socio para compartirle mi siguiente gran idea:

—Compadre, ahora hay que llevar a 28 de esos clientes al mundial de Rusia 2018. Yo me encargo de organizar el viaje.

—¡Jorge, ahora sí te volviste loco!, una cosa es comprar un futbolito de 350 dólares y otra muy distinta es llevarlos a un mundial, ¡es una locura! —me respondió.

—¡No, compadre!, no me volví loco, solo te pido que una vez más confíes en mí. Los 28 son empresarios poderosos, si logramos que hagan sinergia, pueden surgir cosas muy interesantes.

Después de convencer a mi socio, nos llevamos a los 28 al mundial. Por supuesto, los acomodamos estratégicamente en sus habitaciones: un empresario transportista con un empresario de GPS, y así sucesivamente. Tal y como lo esperaba, en ese viaje surgieron varios negocios. Tan solo uno de ellos nos ha generado hasta la fecha múltiples ganancias.

Si hoy pudiera darles una sola herramienta a mis hijas, sería el autoconocimiento, que sepan qué aman hacer y qué no, qué las mueve y cuáles son sus sueños.

Si mis días estuvieran contados, este sería mi mensaje para ellas:

"Nunca es muy tarde para ser quien tú quieres ser. No hay límite de tiempo, comienza cuando quieras, puedes cambiar o seguir igual, la vida no tiene reglas. Sácale provecho o desperdíciala; espero que la aproveches. Espero que veas cosas que te sorprendan. Espero que sientas cosas que jamás hayas sentido. Espero que conozcas personas con opiniones diferentes. Espero que estés orgullosa de tu vida, y si descubres que no, espero que tengas la fuerza y empieces otra vez".

La realidad es que nunca serás más joven que en este momento, cuestiónate si tiene sentido vivir en piloto automático, y no esperes tus últimos días para preguntarte: ¿por qué no lo hice?

> "El secreto de salir adelante es comenzar".
>
> —Mark Twain

Cuando la vida más me sonreía

Ninguno de nosotros eligió en qué circunstancias nacer. Yo no escogí que mi mamá me dejara en un internado, ni que algunos de mis compañeros apagaran cigarros en mi cuerpo y abusaran de mí. No elegí las circunstancias que me llevaron a las pandillas, tener mi cuerpo lleno de cicatrices ni pasar hambre, pero sí decidí convertirme en otra persona, asistir a la escuela, leer libros de desarrollo humano, dejarme crecer el cabello y vestirme distinto.

Poco a poco, mi vida tomó un nuevo rumbo, terminé con éxito la universidad, fundé varios negocios prósperos y encontré a una mujer extraordinaria que se convirtió en mi esposa.

A mis 33 años, todo mi entorno era maravilloso. Un día, mi esposa me dio la mejor noticia que pude recibir: "Amor, estamos embarazados". En ese momento me puse feliz, salté de emoción porque íbamos a ser padres. Fue uno de los días más hermosos de mi vida, ¡qué más podía pedir!

Dos semanas después de la noticia, mientras conducía mi auto encendí la radio —algo que regularmente no hago—, empezó a sonar la canción de Roberto Carlos, *La montaña*, que solíamos cantar en el internado.

En temporada navideña, cuando hacía mucho frío, las monjas nos cortaban el cabello y nos ponían a practicar canciones de José María Napoleón y Roberto Carlos, entre otros. Aunque a mí me gustaba cantar, lo hacía muy mal, así que las monjas me pedían que mejor me aprendiera un texto, el cual recitaría una vez que los otros niños terminaran de cantar.

Ya en el restaurante, cuando era mi turno, pasaba al frente, me paraba en medio de todos y les decía: "Hoy, la esperanza tiene un nombre, el nombre son ustedes".

Estaba muy flaco y toda la gente lloraba al verme; nos daba dinero, y con eso comíamos. Siempre quise cantar esa canción, pero nunca me dejaron:

"Voy a pedir, que las estrellas no paren de brillar, que los niños no dejen de sonreír, que los hombres jamás se olviden de agradecer. Por eso digo, te agradezco, Señor, un día más, te agradezco, Señor, que puedo ver…".

Aquella tarde, comencé a cantarla mientras la escuchaba en mi auto y, de pronto, ¡santo cielo!, todos los sucesos traumáticos del internado, que ya había congelado en mi mente durante todos estos años, repentinamente aparecieron. Uno a uno, empezaron a llegar los recuerdos que tenía bloqueados, comencé a percibir los desagradables sabores, veía los colores, sentía ardor por las quemaduras, la memoria corporal de los abusos. Todo, como una inmensa ola, irrumpió en mi mente.

Fue tal el impacto, que detuve el auto debido al ataque descontrolado de pánico y ansiedad que me embargó. No entendía qué me estaba sucediendo, mi corazón latía a mil por hora, mis manos temblaban, sentía que me quemaba la piel y comencé a sudar frío.

Me invadió un terrible sentimiento de miedo e inseguridad. No me sentía bien, pero no podía decirlo, ya que nadie de mi entorno actual conocía esa etapa de mi vida. Al pasar de las semanas, los ataques de ansiedad no desaparecían, de hecho, se hicieron cada vez más frecuentes e intensos. En repetidas ocasiones, me sucedió que volteaba a todos lados, asustado, pensando: *¡Ahí vienen por mí!,* a tal grado, que un día me escondí debajo de la cama llorando y temblando de miedo, porque pensaba que las personas que le habían hecho tanto daño a "Jorgito" volverían.

Dos meses después, mi esposa, angustiada, no entendía lo que me sucedía. Uno de esos terribles días llegué a casa, ella estaba lavando los platos, yo no podía más, estaba derrumbado, y llorando le comenté: "Amor, discúlpame por lo que te voy a decir, pero si yo tuviera una pistola, en este momento me pegaría un tiro. Tengo miedo de ser papá, yo no tuve niñez, no tuve un padre y no quiero que a nuestro hijo le pase lo mismo que a mí".

Su primer impulso al escuchar esto fue enojarse conmigo. Ella no sabía todo lo que me había pasado en el internado, pero me veía muy desesperado, y me dijo: "Jorge, escúchame por favor, necesitas ayuda profesional".

Me hizo ver que no podía solo. Se había despertado un terrible monstruo en mi cabeza, el cual traía a mi presente mucho sufrimiento. Aunado a mis recuerdos, en esa misma época, mi hermano Santiago estaba grave en el hospital. Había sido desahuciado por seis médicos, y para mí, el solo hecho de pensar que su vida corría peligro era muy doloroso. No concebía que pudiera morir, yo era como su papá y él, más que nadie, podía entenderme, había vivido junto conmigo una de las épocas más difíciles de mi vida, era testigo de la violencia, los abusos, la desolación y de todo lo sucedido en el internado. Mis emociones estaban fuera de control, y en efecto, necesitaba ayuda.

Acudir a terapia es una inversión poco reconocida por la sociedad, hay muchos mitos y estigmas que todavía persisten, como el de "ir al psicólogo es para locos", o "solo vas a hablar y no resuelves nada", pero hoy te puedo decir que es una inversión que vale la pena.

Uno solo puede dar lo que tiene, y en ese momento, en mí había mucho dolor y resentimiento, por lo que, con toda humildad, comencé a ir a terapia.

En cada sesión, cuando la psicóloga me preguntaba sobre lo sucedido en el internado, no podía contarle nada, porque se destapaban todas mis heridas y no paraba de llorar.

Si nunca has ido a terapia, esa es la dinámica: te sientas, te preguntan qué te pasa, y lo que sigue es llorar. O por lo menos, eso fue lo que sucedió conmigo.

Por lo general, cada vez que llegas a consulta, hay dos personas con las que te topas: la primera, es la que sale del consultorio antes de que entres, y la segunda, la que te observa cuando sales. Cuando yo veía la cara del que salía, pensaba: *qué mal se ve este pobre...*

Recuerdo que en una ocasión, sentado en la sala de espera, le pregunté a uno de los pacientes de mi psicóloga cuánto tiempo llevaba asistiendo a terapia, a lo que respondió: "10 años, más o menos".

Mi cara fue de sorpresa, y por dentro me dije: *soy lento, pero no tonto. ¡Ni loco estaré aquí 10 años!*

Me armé de valor, y después de un par de sesiones, donde no hacía otra cosa más que llorar, le pregunté a mi psicóloga:

—Kary, por favor, dime cómo le hago para salir más rápido de esto, yo no quiero estar así 10 años, déjame venir todos los días, yo tengo para pagarte.

—No se puede, Jorge, es un proceso —respondió.

Continuamos, y en la cuarta sesión insistí sobre una respuesta que me ayudara a acelerar las cosas.

Entonces, Karina me contestó:

—Jorge, tú eres un hombre muy práctico. Te voy a dar la solución, aunque sé que no lo vas a hacer. Para la gente es muy difícil salir de estos círculos de terapia, pero te lo voy a decir: "Perdónate, no fue tu culpa, y perdona a quienes te hicieron daño".

Al escuchar sus palabras, mi primera reacción fue pensar *cómo se perdona lo imperdonable,* pero comprendí que:

Perdonar no es olvidar, sino recordar sin que nos duela.

Parece algo simple, pero no lo es cuando llevas tanto dolor por dentro y por tanto tiempo; sin embargo, es aún más complejo ir por la vida con heridas abiertas que no sanan ni te dejan ser feliz. No se trata de perdonar a las personas que nos lastiman porque se lo merezcan, sino porque nosotros merecemos liberarnos de todo aquello que nos pesa y nos hace daño.

El autor y psicólogo Robert Enright hace una analogía muy atinada, cuando explica que el perdón es como ese regalo silencioso que dejas sigiloso en el umbral de la puerta de aquellos que te han hecho daño, aunque estos no te hayan ofrecido una disculpa.

Lo primero que hice fue contarle a mi esposa todo lo que me había sucedido en el internado. Después fui con mi niño interior, con Jorgito, lo abracé con el alma, le prometí que iba a cuidar de él en todo sentido y le dije: "¡Eres un campeón, eres valiente, protegiste a tu hermanito e hiciste lo que pudiste con lo que tenías en ese momento!".

En lo personal, este fue un proceso largo y difícil, no obstante, entendí que tarde o temprano tenía que hacer lo que Kary me recomendaba. No quería esperar a no poder amar a mis hijas, a no poder disfrutarlas ni darles lo mejor de mi yo del futuro. Comencé por reconocer que, en efecto, no había sido mi culpa. En realidad, no era culpa de nadie, solo era la vida enseñándome, a muy corta edad, que al único que tenía era a mí mismo.

> "Solo cuento contigo. Dijo un loco mirándose al espejo".

Yo estaba solo, lleno de vergüenza, de asco, de miedo, y cuando estás tan roto, sin nadie que pueda ayudarte, solo te queda confiar en ti.

Antes me avergonzaba decir cosas como que mis hermanos eran hijos de distintos papás; hoy sé que eso no tiene nada que ver con el inmenso amor que siento por ellos. No somos perfectos, pero sí una familia hermosa que se ama y respeta.

Aprendí a querer a mi madre y a mi padre con toda su defectuosa humanidad, y que en las familias no hay delitos que sobrepasen el perdón.

Comprendí que perdonar es una acción unilateral, no es para los demás, sino para uno mismo. Entonces, inicié lo más difícil: "la gira del perdón", como yo la llamé. Duró aproximadamente seis meses, y fue uno de los viajes más retadores para sanar cada herida, emocional y física.

Busqué, una a una, a las personas que me hicieron daño. A algunos los invité a comer; a otro, incluso, le pagué una operación que necesitaba. Con el corazón en la mano elegí perdonarlos, sané poco a poco y mi alma se fue liberando. Ese fuego que sentía en el pecho se apagó, empecé a sentirme más ligero y a conocer una parte de mí que no sabía que existía.

Este paso fue indispensable, no solo para sanar, sino para reconectar con esa esencia de sinergia que estaba en mi ADN: necesitaba conectar conmigo mismo antes de poder ayudar a alguien más. Estar bien es la antesala para ayudar a otros a transformar sus vidas; en definitiva, no se puede dar lo que no se tiene. Como es adentro es afuera.

Perdonar fue el puente para cruzar de la carretera de víctima a la autopista de protagonista. Solo siendo responsable de tus emociones puedes sentirte libre y sin culpa. Para vibrar en amor debes estar en paz contigo, solo así tendrás la fuerza necesaria y la mentalidad correcta para dar el siguiente paso.

Hoy puedo ver mis cicatrices y decir: "qué bonitas están, me gustan mis cicatrices".

Reconstruirme desde el perdón fue uno de los viajes más retadores para mí. Recorrer los pasos hacia atrás desde mi presente hacia el pequeño de seis años, desarmó cada parte de mi ser, cada herida emocional y física tatuada en el cuerpo y el alma, para volver a integrarme en este ser que hoy respeto.

Todo lo que nos pasa en la vida es perfecto. Debemos aprender a aceptarlo, no importa lo que pasó, debemos elegir perdonar, soltar y liberarnos.

El perdón es una elección. El odio es un veneno que preparas para el otro, pero te lo tomas tú.

El rencor tiene un efecto lento pero letal. Estás aquí para algo más grande, solo atrévete a cruzar el puente del perdón, porque del otro lado está tu verdadero propósito.

El perdón es sanación, la sanación es crecimiento y el crecimiento es plenitud.

El autoconocimiento es una habilidad que te permitirá dirigir tu vida; sin embargo, es posible que necesites ayuda para iniciar el proceso de conocerte a ti mismo. No dudes en buscarla si es necesario, incluso con un profesional.

Si de pronto te sientes perdido y no sabes por dónde empezar, esta herramienta puede ayudarte a descubrir desde lo más profundo de tu ser, eso que más amas, y que quizá solo se encuentra si te haces las preguntas correctas.

Regla del 1 %

Si hoy tuvieras que responder, ¿quién crees que es la persona más importante del mundo para ti? La respuesta tendría que ser: tú mismo, ya que no hay nadie más importante.

De hecho, en la sinergia **1+1= 3**, el primer 1 eres tú. No puedes aportar sinergia si primero no te ayudas ti mismo.

El día tiene 1440 minutos, y la regla del 1 % consiste en dedicarle el 1 % a la persona más importante del mundo, es decir, dedicarte a ti 14 minutos diarios.

Anota en un cuaderno estas preguntas y respóndelas durante 60 días seguidos:

1. ¿Quién soy?
2. ¿Qué me gusta de la vida?
3. ¿Qué no me gusta de la vida?
4. ¿Cuál es mi mayor miedo en la vida?
5. ¿Cuál es mi mayor sueño en la vida?

Al finalizar, lee tus respuestas; te aseguro que te sorprenderás de lo que vas a descubrir.

Cuando hice este ejercicio pude visualizar uno de mis mayores sueños en la vida: las bodas de oro con mi esposa Darla. Me imagino bailando con ella la canción de Rocío Durcal, *Cómo han pasado los años*, viendo a mis hijas, mis nietos, mis amigos y a toda mi familia, y diciéndole a mi esposa: "amor, lo hicimos bien".

Identificarlo me sirvió para darme cuenta de lo que tenía que hacer desde hoy a fin de cumplirlo: cuidar mi mente, alimentarme bien, tener una buena comunicación, etcétera.

Nunca terminaremos de conocernos, pues es un ejercicio que dura toda la vida. Además, estamos en constante cambio y siempre habrá cosas que mejorar. Por ello, sé paciente y perseverante al emprender la difícil pero provechosa tarea de autoconocerte.

"Lo desconocido es el lugar donde se produce el descubrimiento. Por más miedo que dé".

—Wayne Dyer.

Pepitas sinergéticas:

- No te dejes llevar por la rutina y aléjate de la trampa del éxito.

- Si no sabes qué es lo que te apasiona, no tengas prisa, sigue adelante y observa las señales que te brinda la vida.

- El éxito de la noche a la mañana tarda 10 años en construirse.

- El dinero se encuentra donde está la atención de las personas.

- No esperes a que sea demasiado tarde para pensar en lo que te gustaría ser y hacer, actúa en el presente porque la vida es muy corta.

- Perdonar es una acción unilateral. No es para los demás, sino para uno mismo.

- Como es adentro es afuera.

- La persona más importante del mundo eres tú.

- Disfruta de la vida. Diviértete. Sé amable. Ten valor. Ten amigos. Sé honesto. Siempre haz tu mejor esfuerzo.

Capítulo 7

CONECTANDO CON LOS DEMÁS

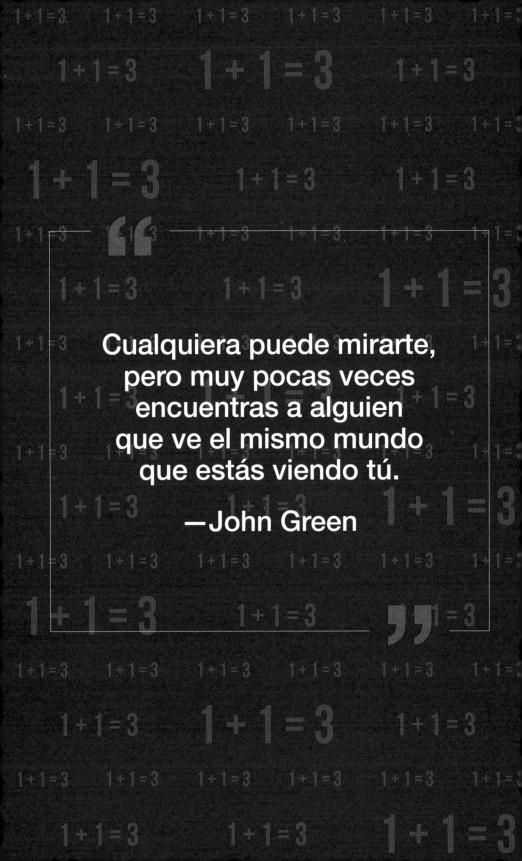

"

Cualquiera puede mirarte,
pero muy pocas veces
encuentras a alguien
que ve el mismo mundo
que estás viendo tú.

—John Green

"

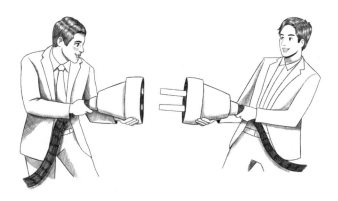

El mundo, sin duda, está tejido de hilos invisibles que conectan a las plantas con la tierra, y a esta con los animales, el aire, el agua y el fuego. Los seres humanos estamos entretejidos y nos construimos con estos mismos hilos invisibles como parte de un propósito evolutivo.

Podemos traducir la habilidad de conectar con los demás como empatía, que ha sido llamada el "pegamento social". La función más importante que tiene es adherirnos a un grupo, donde las interconexiones entre los individuos nos permitan avanzar y sobrevivir.

Podemos definir la empatía como la habilidad para compartir y entender las emociones de otros.

Pese a que tenemos todo un equipamiento biológico para experimentar empatía, esta debe ser fomentada para desarrollarse. Cuando somos pequeños, una de las mejores formas para ejercitarla es contando historias. En comprender las diversas vivencias que tienen los grupos humanos y todos los sentimientos que experimentan.

Frederic Laloux, Daniel Coyle, y muchos otros estudiosos del desarrollo en las organizaciones, han escrito acerca del poder de las historias en la construcción de la confianza y el tejido social. Espejearnos el uno en el otro se ha vuelto fundamental en esta era, en la que las redes sociales han logrado conectar nuestras ideas; sin embargo, han fallado en conectar a las personas que las idean.

Quiero compartirte tres conceptos que me he enfocado en desarrollar, y que me han ayudado a conectar de mejor manera con todos a mi alrededor en cada área de mi vida.

1. Muéstrate vulnerable

La vulnerabilidad es una de las cualidades humanas más difíciles de aceptar y mostrar. A menudo, preferimos esconder nuestras emociones y sentimientos detrás de una máscara de fortaleza y control. Sin embargo, esta resistencia a la vulnerabilidad no es sorprendente, ya que mostrarse como uno es, puede ser extremadamente difícil y aterrador.

En primer lugar, significa aceptar la posibilidad de ser herido, o aún más, demostrar las heridas. Cuando nos abrimos emocionalmente ante alguien, exponemos nuestras debilidades y nos convertimos en presa fácil para el dolor emocional. Este miedo al rechazo y al abandono es una de las razones principales por las que nos cuesta ser vulnerables.

En segundo lugar, la cultura occidental nos ha enseñado a ser independientes y a buscar el éxito a toda costa. La vulnerabilidad se percibe erróneamente como una debilidad, lo que significa que, a menudo, nos esforzamos por ocultar nuestras heridas más profundas y mantener una fachada de fortaleza. Esto, para no sentirnos solos e incomprendidos, impidiendo que establezcamos conexiones emocionales profundas con otras personas.

En tercer lugar, la vulnerabilidad requiere una gran cantidad de autoconocimiento y autoaceptación. A veces, evitamos ser vulnerables por miedo a confrontar nuestros propios sentimientos y emociones; sin embargo, enfrentar nuestros miedos es indispensable para crecer emocionalmente y lograr una mayor conexión con nosotros y los demás.

Como seres humanos nos cuesta aceptar que cometemos errores, y se debe a que en nuestra sociedad reinan las apariencias. "Debemos" fingir que estamos bien, aun cuando sentimos miedo, estamos tristes o tenemos ansiedad.

Por culpa de esta percepción, la vulnerabilidad está mal vista, e incluso, llega a provocarnos vergüenza. Es válido admitir que no podemos con todo, no hay nada de malo en aceptar que una situación nos supera y necesitamos la ayuda de otros. Esto es la base de la sinergia.

Ser duros y mostrarnos invencibles no nos ayuda. La sensibilidad y la empatía son más importantes que la dureza.

Esta idea falsa de no mostrar lo que sentimos viene desde la infancia a través de la educación. La frase "los niños no lloran" es una creencia popular arraigada en muchas culturas alrededor del mundo. La idea detrás de esta afirmación es que los niños varones deben ser fuertes, valientes y no mostrar signos de debilidad, como llorar. Esta idea es muy dañina, ya que suprime las emociones naturales e impide desarrollar habilidades sociales saludables.

Cuando se les enseña a los niños que llorar es inapropiado, se les está diciendo que es mejor esconder sus emociones y mostrar una fachada de fuerza y control. Esto puede llevarlos a la incapacidad para expresar adecuadamente sus sentimientos y afectar su salud emocional a largo plazo.

Al enseñar a los niños que las emociones son inapropiadas, se les está mostrando un modelo de masculinidad tóxica, que puede llevar a que tengan problemas en sus relaciones futuras, y generar dificultades para comunicarse con los demás.

Mostrarse vulnerable no es signo de debilidad ni derrota. Es un signo de valentía, nos ayuda a ser más sensibles con nuestros sentimientos, más empáticos y a entender mejor las emociones de los demás. Nos hace más humanos, porque mostramos quiénes somos.

Como resultado de 10 años de investigación, la conferencista Brené Brown explicó que se encontraba confundida tratando de descifrar qué tan buena o mala era la vulnerabilidad.

Sus estudios demostraron que las personas que se sentían valiosas y dignas de amor se expresaban desde la vulnerabilidad y de forma distinta al resto de la gente. Se aceptaban por completo y creían que lo que las hacía vulnerables las hacía especiales.

"La vulnerabilidad es el núcleo de la vergüenza, del miedo y de nuestra lucha por la dignidad. Pero también es donde nace la dicha, la creatividad, la pertenencia y el amor…".

—Brené Brown

Necesitamos ser más nosotros mismos, mostrarnos auténticos, dejar ver nuestra esencia y nuestro ser.

En lo personal, tenía mucho miedo hablar acerca de lo que me pasó; no obstante, hoy puedo decir que ser vulnerable me ha abierto infinidad de puertas. Abrir mi corazón ha sido un regalo de vida; me he encontrado con personas que, al haber escuchado mi historia, tomaron acción para perdonar, y valor para seguir adelante.

Ser vulnerable me ha permitido tener empatía con los demás, desde otro lugar, no como una persona famosa, sino como un ser humano, que como ellos, se ha caído y se ha levantado.

165

Actualmente, he recibido más de 25,000 mensajes de personas que se querían quitar la vida por cosas como las que a mí me sucedieron, me dicen: "Jorge, si tú pudiste, yo puedo".

Es de valientes dejar caer nuestras corazas de protección y permitirnos ser vulnerables.

2. Ayuda a alguien más

Todos los días me levanto y pienso: *Hoy le voy a ayudar a alguien, voy a saludar a alguna persona que no conozca, voy a darle un vaso de agua a quien lo necesite, hoy voy a dar un abrazo...*

Hace tiempo, inició en mi mente la idea de tener una empresa unicornio. Se llama así a aquellos emprendimientos que, gracias a su enfoque tecnológico e innovador, logran alcanzar una valuación de mil millones de dólares, sin ser una empresa pública, es decir, sus acciones no cotizan en la bolsa de valores.

Ahora que tengo presencia mediática y muchas conexiones, tendría la posibilidad de crearla, pero tomé la decisión de no usar a mi audiencia ni mis contactos para este fin, sino para crear una fundación que ayude a niños en albergues e internados.

Algunas personas me preguntan para qué lo hago, si hay muchos niños en el mundo que necesitan ayuda, y dar a unos cuantos no hace la diferencia. Cuando escucho eso, me gusta contarles este popular cuento infantil:

Como cada mañana, un hombre se despertó y bajó a pasear por la playa. A diferencia de otros días, la orilla estaba repleta de estrellas de mar que se extendían a lo largo de la costa.

Pensó que ese curioso fenómeno sería consecuencia del mal tiempo y el viento de los últimos días. Se sintió triste por todas aquellas pequeñas criaturas. Sabía que las estrellas de mar tan solo viven 5 minutos fuera del agua.

El hombre continuó caminando, absorto en sus pensamientos. De repente, se encontró con un niño pequeño que corría de un lado a otro de la arena. Tenía la cara sudorosa y los pantalones remangados.

—¿Qué estás haciendo? —le preguntó el hombre.

—Estoy devolviendo las estrellas al mar —contestó el niño—, junto todas las que puedo y las lanzo más allá de donde rompen las olas para que no vuelvan de nuevo a la arena.

Ya veo —contestó el hombre—, pero tu esfuerzo no hace la diferencia. Vengo caminando desde muy lejos y hay miles de estrellas varadas en la arena, quizá millones. Podrás salvar a unas pocas, pero la inmensa mayoría morirá, y todo tu esfuerzo no habrá servido para nada. No tiene sentido lo que haces.

El niño, sorprendido, le mostró una pequeña estrella que escondía en la palma de su mano, y antes de lanzarla al océano le dijo al hombre:

—Para esta, sí hace la diferencia.

Con cada persona que ayudas haces una diferencia en el mundo. Solo necesitas levantarte con ganas de ayudar a alguien más, compartir lo que has recibido y ser parte de una *cadena de favores*.

Eso tiene una recompensa natural. Ayuda a que otros cumplan sus sueños, y los tuyos se van a cumplir como ley divina.

El 14 de diciembre de 2021, después de ver una película que se llama precisamente *Cadena de favores*, salí de casa, fui a una tortillería a comprar 25 kilos de tortillas y le dije a la señora que atendía:

—A las próximas 25 personas que vengan, usted les va a regalar uno de estos kilos de tortillas que compré, y les va a decir: "cada kilo viene de una cadena de favores; si le es posible, continúe la cadena con alguien más".

La moneda se había lanzado al aire, si a una de esas personas le sirvió, si ese día le alcanzó a alguien para el pasaje, o simplemente se puso feliz de que le regalaran esas tortillas y, gracias a eso, ayudó a otra, valió la pena. Todo porque un loco se levantó ese día y dijo: "quiero ayudar a alguien más".

En Latinoamérica estamos contaminados por una mentalidad que dice: *cuando hagas cosas buenas no te grabes, que lo que haga tu mano izquierda no lo sepa la derecha*. Yo pienso: *¡No!, si se viraliza lo negativo allá afuera, con mucho mayor sentido hay que viralizar lo positivo.*

Hace algunos meses llegó a mí la historia de Lucecita, una mujer que tenía acalasia, un trastorno poco frecuente que dificulta el paso de alimentos y líquidos desde el esófago. Llevaba 4 meses sin tomar agua y sin comer, sobreviviendo solo a base de sueros. En ese momento, hice una historia utilizando mis redes sociales con la finalidad de hacer sinergia, pedimos a las personas que depositaran dinero a la cuenta de la paciente para pagar la operación.

En 48 horas, personas de más de 14 países apoyaron y reunimos todo el dinero necesario. Cuando Lucecita se recuperó, organicé junto con mi equipo una cena con causa, donde ella se presentó para agradecer a todas las personas que la apoyaron; fue un momento muy emotivo. Yo solo fui un vehículo para que eso sucediera.

El todo es mayor que la suma de sus partes.

La sinergia más poderosa es la que perdura en el tiempo, **1+1= 3** puede ser 4, 5 o 10, puede ser exponencial. Si una empresa que hoy factura 1 millón y otra empresa que también factura 1 millón, se unen, juntas pueden facturar 4 millones, el crecimiento puede ser exponencial, la sinergia no suma, multiplica.

Steven Radelet, director del Programa de desarrollo Humano Global en Georgetown y asesor de economía de Ellen Johnson Sirleaf, presidenta de Liberia, ha trabajado en docenas de países en desarrollo, principalmente en África y Asia por 30 años, afirma: "Tenemos la tendencia de enfocarnos en los líderes nacionales, pero hay cientos, miles y millones de líderes locales que, de manera colectiva, son inmensamente importantes en lo que a progreso se refiere".

No son los grandes magnates quienes van a cambiar el mundo. Somos cada uno de nosotros, desde nuestra trinchera, los responsables de provocar un verdadero cambio.

"Tú tienes una mitad de nuestros dones; yo tengo la otra. Juntos tenemos todo; juntos somos mucho más poderosos".

—Joss Stirling

3. Sé agradecido

A lo largo de mi vida he aprendido que siempre hay una lección o un significado detrás del dolor y el sufrimiento; sin embargo, necesitamos ser pacientes, ya que muchas veces las respuestas no llegan de inmediato.

El dolor, por muy fuerte que parezca, puede ser una oportunidad para reflexionar y tomar decisiones que nos lleven hacia una vida más plena y significativa.

Aun en los momentos más difíciles, siempre hay algo para agradecer. Transformar el dolor en gratitud puede ser un proceso desafiante, pero es posible. En mi caso, el no poder abrir los ojos durante 80 días debido al accidente, me orilló a ver con los ojos del alma y meditar profundamente sobre mi vida. En esa época tenía mucho enojo contra mi madre; sin embargo, tendido en la cama, sin poder valerme por mí mismo, ella fue la única que cuidó de mí.

Por primera vez fui consciente de su amor, y mi enojo, poco a poco, comenzó a transformarse en gratitud.

Entendí que hasta ese momento, mi madre había hecho todo lo que podía con lo que tenía, y gracias a sus cuidados, me levanté de esa cama con la convicción de ayudarla y no darle más problemas. Ese silencio hizo la diferencia.

Hoy le doy gracias a la vida por todo lo que me tocó vivir, si no hubiera sido por cada uno de los momentos difíciles, incluso aquellos en los que deseaba morir, hoy no sería la persona que soy ni tendría las herramientas para ayudar a tantas personas.

Si estás pasando por algún momento difícil, te invito a que busques en tu interior la fuerza necesaria para entender que todo tiene un para qué, puede ser que en el momento no lo veas, pero los aprendizajes son algo que aplicarás durante toda tu vida. Si te enfocas más en lo que tienes, en lugar de lo que no tienes, encontrarás razones suficientes para dar gracias y quejarte menos.

A veces no es fácil ser agradecidos. Paradójicamente, en ocasiones necesitamos perder algo para valorarlo. Hay un dicho popular que dice: "Nadie sabe lo que tiene hasta que lo ve perdido". Pero, por qué alimentar este dicho, cuando el acto de agradecer es completamente voluntario.

La vida es un regalo. Todo lo que implica vivir es algo que damos por sentado: respirar, parpadear, ver, degustar, sentir, sonreír… Si crees que no tienes motivos para agradecer, pregúntate, por ejemplo, qué pasaría si hoy fuera el último día que tuvieras voz.

Si un día necesitas inspiración, te invito a escuchar la canción de Violeta Parra, *Gracias a la vida*:

"Gracias a la vida que me ha dado tanto,
me ha dado el oído que en todo su ancho.
Graba noche y días,
grillos y canarios, martillos,
turbinas, ladridos, chubascos,
y la voz tan tierna de mi bien amado.
Gracias a la vida que me ha dado tanto,

me ha dado el sonido y el abecedario.
Con él las palabras que pienso y declaro,
madre, amigo, hermano y luz alumbrando,
la ruta del alma del que estoy amando.
Gracias a la vida que me ha dado tanto,
me ha dado la marcha de mis pies cansados,
con ellos anduve ciudades y charcos,
playas y desiertos, montañas y llanos,
y la casa tuya, tu calle y tu patio.
Gracias a la vida que me ha dado tanto
Me dio el corazón que agita su marco,
cuando miro el fruto del cerebro humano,
cuando miro el bueno tan lejos del malo,
cuando miro el fondo de tus ojos claros…".

Te darás cuenta de la importancia de adoptar una mentalidad de gratitud y aprecio por lo que ya tienes en la vida, en lugar de enfocarte en lo que te hace falta.

"Cuando te concentras en lo que tienes, siempre tendrás más. Cuando te concentras en lo que no tienes, nunca tendrás suficiente".

Pepitas sinergéticas:

- A la habilidad de conectar con los demás se le llama empatía.

- La vulnerabilidad nos ayuda a ser más sensibles con nuestros sentimientos y a entender mejor las emociones de los demás.

- Para conectar con los demás, necesitamos mostrarnos auténticos, ser más nosotros mismos.

- Con cada persona que ayudas haces una diferencia en el mundo.

- Ayuda a que otros cumplan sus sueños, y los tuyos se van a cumplir como ley divina.

- Enfócate en lo que tienes y sé agradecido con ello.

- La mejor oración no es aquella que consiste en pedir, sino en agradecer lo que se tiene, confiando en lo que vendrá. La gratitud es un hábito que se puede desarrollar si se practica.

Capítulo 8

CAPITAL
SOCIAL

"

Las relaciones personales
son el suelo fértil en el cual
crece todo avance, éxito y
logro en la vida real.

—Ben Stein

"

Nos han enseñado que para hacer dinero y tener éxito en la vida debemos cuidar bien el capital económico, desarrollar el capital intelectual y, si tenemos una empresa, administrar eficientemente el capital humano. Pero hay un tipo de capital que no nos enseñan a utilizar y, es quizá, uno de los más importantes de nuestra vida: el capital social.

Podemos definir capital social como la cantidad, calidad y categoría de nuestras relaciones, es decir, se trata de entender las características que posee nuestra red de contactos, desde cuántos tenemos, en qué estatus están y en qué categorías los tenemos distribuidos.

Todos administramos nuestros contactos de una u otra forma, pero la mayoría no nos damos cuenta de cómo utilizarlos y del gran poder que tienen para hacer sinergia.

Un día, mi amigo Gío, una de las personas que mejor me conoce y que ha estado conmigo desde que comenzamos a hacer redes sociales, me habló sobre un concepto que estaba leyendo en un libro de Judy Robinett llamado *Networking estratégico,* que trataba, justamente, de lo que yo estaba haciendo con mis relaciones. "Jorge, lo que dice este libro es lo que tú siempre has hecho en los negocios y en tu vida".

Entusiasmado, seguí su recomendación y leí el libro. Quedé sorprendido porque realmente contenía los conceptos y estrategias de varias cosas que yo hacía empíricamente. Fue entonces que empezamos a investigar más sobre el poder del capital social, hoy, uno de los pilares principales que han hecho crecer mi marca personal, el movimiento *Sinergético,* mis negocios y mi vida.

Siempre he tenido la habilidad de entender y utilizar el capital social a mi favor, de hecho, es lo que me ayudó a sobrevivir en las diferentes etapas de mi vida.

Lo primero que hay que entender sobre este concepto es que vivimos en un mundo de contactos. Para avanzar y crecer, en la mayoría de los ámbitos, necesitamos tener buenas relaciones; entender el juego y jugarlo de forma correcta.

La pregunta para la mayoría de los empresarios de hoy, no es cómo puedo estar más conectado, sino cómo puedo identificar y nutrir las conexiones importantes que acelerarán mi éxito, cómo conectarme con las personas, de tal manera que atiendan mis llamadas y me ayuden cuando lo necesite.

Las personas necesitan un camino claro y viable para encontrar, crear y administrar relaciones con conexiones de alto valor, para acelerar su éxito personal y profesional.

No se trata solo de lo bueno que eres, sino de las personas que conoces y de cómo estás dispuesto a mantenerte conectado con ellas.

Judy menciona en su libro un dato interesante: "Más del 89 % de los altos ejecutivos en empresas con ganancias de más de 100 millones de dólares anuales, dicen que la fortaleza de sus relaciones personales y profesionales tiene un impacto significativo en su capacidad de lograr resultados en los negocios".

Entonces, la respuesta a la pregunta: ¿Cómo puedo conectarme con las personas clave, de tal manera que contesten mis llamadas y me ayuden cuando lo necesito?, haciendo *networking* y desarrollando tu capital social.

Keith Ferrazi, en su libro *Never Eat Alone,* menciona que *networking* "son redes de personas que nos ayudan a crecer: personal, emocional, espiritual, profesional y económicamente".

Esto va directamente relacionado con una de las características propias de la sinergia. Me refiero a la generosidad. Todo esto parece contrario al mundo de negocios que conocemos normalmente, donde escuchamos frases como: "Favor con favor se paga; comisión por contacto; y para mí qué; mitad y mitad; que me salpique algo, etcétera".

El *networking* es una de las habilidades más importantes que debe tener una persona, porque a la gente le gusta relacionarse y hacer negocios con gente que conoce. Sin embargo, no consiste únicamente en conocer personas, ese es tan solo el primer paso. Lo verdaderamente valioso es entender cómo administrar esa lista de contactos. En otras palabras, no se trata solo del mecanismo de conexión entre la gente, sino de las ganancias que traen consigo esas conexiones.

Al final del día, los negocios no son más que personas haciendo negocios con otras personas, pero ¿qué acciones debemos realizar para hacer crecer nuestro capital social?

"Dar y dar más es la única manera de tener y tener más".

—Dale Carnegie

Las cosas de gran valor en los negocios vendrán de alguien a quien conozcas y en quien confíes. Una red profunda y fuerte es una necesidad; sin esta, tu éxito está limitado.

Antes de pedir algo a los demás, debemos enfocarnos en cómo aportarles valor. Tener un interés genuino en ayudar a otros.

Un error muy común que cometen algunas personas, es que desde la primera vez que conocen a alguien, intentan venderle sus productos o servicios, lo cual, en lugar de crear una primera buena impresión, genera una sensación negativa que afecta la conexión.

No se trata solo de repartir tarjetas de presentación, sino de conectar genuinamente. Primero debes crear un vínculo, ser generoso con las personas que conoces, si haces algo por ellos por el simple hecho de ayudar sin buscar nada a cambio, lo apreciarán y, seguramente, te corresponderán.

Cuantas más personas conozcas, más fácil te resultará acceder a círculos a los que, de otro modo, sería imposible llegar.

Quizá leyendo estas líneas estés pensando en todos tus imposibles. La mente va a decirte que no puedes, que llegar a los grandes es una tarea para otros, no para ti. Hoy te digo que no es así.

Gracias a este libro estás conociendo mi historia, yo no soy más que tú, ni vengo de una familia de relaciones, pero he sabido aplicar la sinergia en mi capital social.

A día de hoy, mi viaje hacia la construcción de mi mejor versión continúa, y aunque aún enfrento retos y miedos, me niego a limitar mis sueños y a pensar en pequeño. He aprendido a creer en mí mismo, y gracias a esa creencia, he tenido la fortuna de conocer a todas las personas que me he propuesto.

Cuando comencé mi camino en las redes sociales, había dos mujeres a las que seguía y admiraba profundamente por sus impresionantes trayectorias como conferencistas y comunicadoras: Margarita Pasos y Vilma Nuñez. Desde el principio, las consideré mis amigas y comadres, aunque en realidad ni siquiera me conocían. La gente solía preguntarme: "¿En serio son tus amigas?", y yo les respondía "sí aunque ellas aún no lo saben".

Hoy en día, estas dos mujeres talentosas y admirables son mis grandes amigas. Hemos compartido cenas, he tenido el privilegio de estar en sus hogares y me han brindado valiosos consejos. Lo que quiero transmitirte es que tú también puedes establecer conexiones con las personas que admiras y deseas tener cerca. Solo necesitas tener claro tus objetivos y motivaciones. Pregúntate a ti mismo con quién deseas establecer proximidad y, lo más importante, por qué. Este último aspecto es fundamental para la construcción de tu capital social.

Ecosistema social

Para comprender el capital social hay que entender que los ecosistemas son organismos de seres vivos que interaccionan entre sí, la maquinaria donde se engranan diferentes actores, y donde la inclusividad y la colaboración son clave para desarrollarlos.

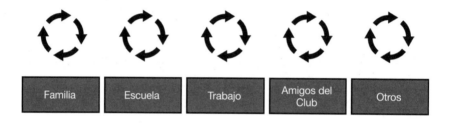

Familia	Escuela	Trabajo	Amigos del Club	Otros

Algunos ejemplos de ecosistemas son tu familia, la escuela, tu trabajo, el mundo de los negocios, el fútbol, la política, el club *Sinergético*, etcétera.

Dentro de cada ecosistema existen tres jerarquías: *insiders*, conectores y miembros. Identificar a cada uno te permitirá interactuar más asertivamente dentro del grupo.

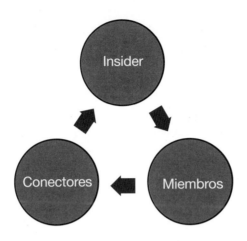

Insider

Antes de entrar a un ecosistema necesitas reconocer al *insider,* la persona de mayor poder e influencia dentro del grupo, pero también, la más inaccesible, aunque no imposible.

En una de mis entrevistas del pódcast *Sinergéticos*, conocí a Juan Mejorada, un gran ser humano que me compartió cómo aquello que empezó como un sueño en un curso de desarrollo personal, se hizo realidad cuando tomó acción. Juan, haciendo uno de los ejercicios que le pidieron en el taller, anotó el nombre de quien le gustaría fuera su mentor: Adolfo Horn, presidente de la American Chamber of Commerce of Mexico, y fundador de Kodak, que fuera la empresa más grande del estado de Jalisco, la planta de películas número uno del mundo, y de la que derivaron muchas otras empresas.

A sus 19 años, Juan se dedicó a hacer todas las llamadas necesaria para conectar con él, fue tal su insistencia, que finalmente lo consiguió y quedó en verse con Adolfo en un café. Sin embargo, cuando llegó al lugar, lo estaban esperando dos oficiales de la policía para detenerlo, pues pensaron que quería hacerle daño. Lo llevaron a la cárcel, y después de cinco horas de investigación e interrogatorios, por fin fue liberado. Al ver que su interés por conocerlo era genuino, y que solo quería tenerlo como mentor, Horn habló con él y le dijo: "Vale la pena mentorear a alguien que está dispuesto a ir a la cárcel por mí". Un año después, comenzó a trabajar a su lado y se convirtió en su secretario particular. Juan nunca pensó que lo que inició siendo un simple ejercicio, se convertiría en un sueño hecho realidad que lo llevó a transformar su vida por completo.

"Solo aquellos que pueden ver lo invisible pueden hacer lo imposible".

—Jeffrey Fry

Conectores

Son quienes tienen acceso directo al *insider,* generalmente, personas muy cercanas o que trabajan directo con él.

En el ecosistema del club *Sinergético* —que cuenta con más de 3500 estudiantes—, hay un ejemplo muy divertido que me gusta compartir:

Régulo es un amigo miembro del club, una persona que conocí por redes sociales y que, sin duda, cuando le expliqué lo que significaba capital social, lo entendió a la perfección. Él pensó: *Jorge no me va a hacer caso, pero ya entendí.*

Sucedió en el bautizo de una de mis hijas, un evento familiar, exclusivo, por la cantidad de compromisos que tengo. Recuerdo que iba en la camioneta revisando la lista de invitados con mi esposa, y al momento de estar descartando nombres, le pregunté:

—Oye, amor, ¿a Régulo lo tendré que invitar?, es amigo y miembro del club…

—No, amor, no lo tienes que invitar, él ya está invitado, fue la primera persona a la que invitó tu mamá y, además, se va a sentar en tu mesa —me dijo sonriendo.

—¡Ah, canijo! ¿¡Cómo que se va a sentar en mi mesa!?

¿Cómo pasó?, simple. Régulo identificó a los miembros de mi ecosistema, fue con uno de mis conectores, que es mi mamá, con "la patrona del patrón" y la boxeó.

El término "boxear" para mí significa dar golpes finos, ganarte a las personas poco a poco, sin convertirte en un adulador. No se trata de empalagar, sino de endulzar con clase al otro.

"No me untes tanta miel, que arruinarás la autopsia", decía Anthony Hopkins en una de las mejores películas de todos los tiempos, *Meet Joe Black.*

El éxito del gran boxeador Julio César Chávez consistió en golpear abajo a su rivales durante los primeros *rounds* hasta cansarlos, para después noquearlos.

Cuando vas por la vida buscando ganar por *Knock-outs*, difícilmente lo logras. Para ganarte a un conector tienes que aprender a boxear.

Por otra parte, un buen conector es aquel que no usa su posición para servirse a sí mismo, sino para servir a los demás, principalmente al *insider*.

Un conector tiene claro que es la imagen del *insider*, conoce su responsabilidad, cuida sus palabras, sus acciones y su temperamento. Son personas leales y dignas de confianza.

Un buen *insider* prepara a sus conectores, sabe que son una extensión de él, y tiene absoluta certeza de que son dignos representantes de su persona.

Miembros

Son cada uno de los participantes de un ecosistema. Todos pertenecemos a alguno, pero para crear conexiones con propósito, es necesario que identifiquemos en qué somos buenos y qué podemos aportar. Por ello, es importante autoconocernos, explorar nuestras habilidades para saber cómo utilizarlas de la mejor forma y elegir los ecosistemas correctos.

Cuando me mudé a la ciudad de Guadalajara para estudiar la maestría, no tenía dinero. Llegué a esa ciudad solo con un auto, que como yo digo, tenía asador incluido, de tanto humo que sacaba. Me sentía frustrado y, a veces, me sentaba en la banca de un parque a llorar, porque no tenía dinero para comer ni para ir a ver a mi mamá y a mi novia a Ensenada.

Por azares del destino, en la maestría conocí a Tony Rodríguez —quien es uno de mis mejores amigos—, de él aprendí mucho. Tony proviene de una familia de altos recursos. Su estilo de vida era muy diferente al mío y, contrario a lo que yo pensaba, que la gente con dinero es mala, en él encontré a un gran ser humano y quité de mi cabeza esa absurda creencia.

Con Tony fui a los restaurantes y bares más exclusivos de la ciudad, él tenía un buen auto y una infraestructura con la que yo no estaba familiarizado, pero también yo quería aportarle valor. Cuando a él se le acababa el dinero que le mandaba su familia, por andar en la fiesta, yo le hacía de comer, había desarrollado la habilidad de cocinar rico con 200 pesos, y me encargaba de que no pasara hambre. Así nos hicimos grandes amigos.

Con el paso del tiempo, Tony me fue invitando a ser parte de su estilo de vida. Aunque sentía que mi imagen no encajaba con ese mundo, yo lo acompañaba y, poco a poco, comencé a ser miembro de su ecosistema. Algunas personas dirán que tuve suerte de tener un amigo como él, pero la suerte está compuesta de fe, preparación y oportunidad, y yo estaba listo para aprovechar lo que la vida me estaba poniendo enfrente. Sabía cuáles eran mis habilidades y en qué podía ayudarlo.

Reflexiona sobre cuántas veces te has cruzado con personas importantes y, por no conocer bien tus capacidades, o no sentirte merecedor, no la has sabido aprovechar y has dejado pasar el tren de la oportunidad.

Es cierto que a lo largo de la vida nos cruzamos con muchas personas importantes que pueden brindarnos oportunidades valiosas. En ocasiones, por no tener plena conciencia de nuestras capacidades o por no sentirnos merecedores, podemos dejar escapar esas oportunidades sin siquiera darnos cuenta.

La falta de autoconfianza a menudo nos impide tomar acción. Para evitar dejar pasar el tren de la oportunidad, es fundamental trabajar en el fortalecimiento de la autoconfianza, recordar que el crecimiento y el aprendizaje son procesos continuos. Nadie nace con todas las habilidades y conocimientos necesarios.

"Solo con el corazón se puede ver bien, lo esencial es invisible para los ojos".

—El principito

Entender el capital social permite prepararnos para identificar, mejorar y mantener relación con personas importantes para nosotros.

Desde pequeño, de manera inconsciente, apliqué el capital social en mi vida. En el internado, comprendí lo que significaba tener la atención de la *Madre Elodia* y sembré esa relación cada vez que pedía por ella en la misa. En las pandillas, rápidamente identifiqué quién era el líder y busqué la manera de aportarle valor. En las diferentes etapas de la escuela, hice lo mismo con personas como Gabino Ramírez, Adán Pelayo, Doña Ramona y Tony Rodríguez, entre muchos ejemplos que te puedo dar.

Este enfoque en identificar a las personas influyentes y cultivar relaciones significativas es un poderoso activo en la construcción de tu propio camino hacia el éxito. Este es mi superpoder, pero también puede ser el tuyo. Una vez que tengas claro qué es lo quieres, te invito a que mires a tu alrededor e identifiques a tu próxima tu *Madre Elodia*.

El capital social es tu activo más poderoso.

Impartiendo clases en la universidad, tuve la posibilidad de conocer a varios papás de mis alumnos. Recuerdo que uno de ellos tenía un negocio de cajas y, justo en ese tiempo, uno de mis clientes del despacho compraba grandes cantidades. En ese momento, fungí como conector y logré negociar un mejor precio para mi cliente. Hice uso de mi capital social, conecté a dos personas que se necesitaban y aportaban valor uno al otro. Como consecuencia, conseguí una comisión importante. Así comencé a utilizar las relaciones y el *networking* para hacer negocios.

Siempre deberías estar pensando en cómo podrías juntar a dos personas de una manera que sea beneficioso para ambas. Si puedes hacer que eso suceda una y otra vez, de repente, la gente querrá hacer lo mismo por ti y por aquellos a quienes recomiendas.

Durante la maestría, también conocí a mi gran amigo y mentor, Memo, quien en ese momento tenía un despacho con otro socio. Al principio trabajé sin sueldo, resolvía todo lo que ellos no querían hacer, pero que era necesario para ser miembro de ese ecosistema. Ocupé gran parte de mi tiempo en prepararme y analizar cuáles de mis talentos podrían servir para potenciar el despacho, conseguí varios proyectos importantes y, poco a poco, aportando valor, me fui ganado la confianza de mi compadre, Memo, quien con el tiempo se convertiría en mi hermano, mi compadre, y socio totalitario en todos mis negocios.

Hoy puedo ver cómo mi capital social me ha llevado a compartir escenario, en el ámbito nacional, con conferencistas de la talla del Dr. César Lozano, Arturo Elías Ayub, Fernando Anzures, Luis Fallas, Vilma Nuñez, Rodrigo Herrera, Marcus Dantus, Alex Roca, Margarita Pasos, Spencer Hoffmann, entre otros. Y en el ámbito internacional, con personajes como Les Brown, Tony Robbins, John C. Maxwell, etcétera. Asimismo, ha sido una herramienta indispensable para contar con grandes invitados en el pódcast *Sinergéticos*.

La gran mayoría de negocios que he consolidado en mi vida ha sido gracias a mis estrategias puntuales de capital social.

El éxito es el resultado de la cantidad de conexiones, multiplicado por la calidad y tu habilidad de interactuar con ellas.

Existen 5 factores imprescindibles para identificar y cultivar las conexiones importantes.

1. Identificar
2. Cultivar
3. Conectar
4. Ubicar personajes importantes
5. Acelerar

Yo le llamo *identificar la marca.* Así fue como me coloqué en la posición de abrir el evento de EXMA en México, que organiza mi amigo Fernando Anzures, donde participó Tony Robbins. Esto, gracias a mi capital social, a que supe identificar quién era la *Madre Elodia.*

Mi éxito no viene de tener suerte, la realidad es que he sido muy bendecido y he aprendido a conectar los puntos, viendo un panorama general y haciéndome las siguientes preguntas: ¿Qué se requiere? ¿Qué se necesita?

Identifica, a quién quieres conocer y empieza a *cultivar.* Una vez que se genera una relación nace la *conexión, se* crea un vínculo, lo que conocemos como el **1+1= 3**.

Asegúrate de estar con la persona correcta, la más *importante* dentro del ecosistema y, como resultado, se catalizará tu relación logrando tu objetivo. Si tienes una conexión *importante,* pero no la *cultivas,* no te servirá de nada.

Necesitas aprender a apalancarte y colgarte de personas con autoridad, y quizá te hayan hecho creer que eso es algo malo, pero no es así. Se convierte en algo negativo cuando lo haces para dañar a otros, no cuando lo haces para crecer y aportar valor.

Todos en algún momento necesitamos una transferencia de autoridad. Cuando tú estés en una posición de otorgarla, hazlo; ayuda a otros, suma. Siempre hay que regresar algo de lo que te ha dado la vida.

En algún momento, parte de mi equipo de trabajo se molestaba porque algunas personas se acercaban a mí solo "para colgarse de mi posición", según me comentaban ellos. La realidad es que yo lo veo diferente, si estar cerca de mí les puede ayudar a crecer, lo hago con gusto, porque en mi camino por esta vida, yo recibí ayuda de muchas personas y me colgué de otros para llegar hasta donde me encuentro hoy.

Nuestro carácter tiene un papel preponderante en cómo nos relacionamos con los demás. Por fortuna para los seres humanos, es algo altamente moldeable. En ti está la oportunidad de cambiarlo sin importar la edad que tengas. El carácter está compuesto por un conjunto de hábitos que puedes comenzar a modificar si así te lo propones.

○ ○ ○

Robbinet menciona 10 rasgos del carácter que tienen las personas que construyen relaciones estratégicas en su vida y, que si aprendemos a desarrollarlas, pueden servirnos para crear conexiones de calidad a largo plazo.

1. **Auténticos.** Son personas genuinas, honestas y transparentes, conscientes de sus fortalezas y dispuestas a reconocer sus debilidades. Cuando pienso en esas cualidades, quien primero viene a mi mente es mi socio, ahijado y uno de mis mejores amigos, Sergio González. Lo conocí cuando yo impartía clases en la universidad. Aunque muchos maestros no lo querían, y se ganó su enemistad por decir lo que pensaba, para mí representa la autenticidad que el mundo tanto necesita.

2. **Confiables.** Construyen sus relaciones con base en la confianza mutua. Gozan de una buena reputación fundada en resultados. Su palabra es garantía. Un ejemplo de una persona confiable es mi amigo, el Dr. César Lozano. Recuerdo que cuando estaba tomando la decisión de volverme conferencista, llegó una publicidad en redes sociales sobre una certificación para hablar en público que impartía el Dr. Lozano. En ese momento yo no lo conocía; de inmediato le hablé a mi compadre y socio, Memo, para preguntarle si valía la pena hacer esta inversión. En cuanto le dije quién impartía la certificación, de inmediato me respondió: "¡No lo pienses, Jorge, el Dr. Lozano tiene una extraordinaria trayectoria de muchos años!". Con el tiempo, César se volvió mi mentor, y hoy somos grandes amigos.

3. **Respetuosos.** Aprecian el tiempo y el esfuerzo de los demás. Tratan a sus colaboradores con el mismo respeto que profesan por los superiores.

   Debo confesar que, con frecuencia, por estar metido en mi mundo, soy muy distraído, y pareciera que soy una persona irrespetuosa. Si hay alguien a quien yo admiro por cómo trata a todas las personas y tiene relaciones excelentes, es mi compadre Guillermo Loza.

En una ocasión, mientras estábamos en Wimbledon, el torneo de tenis más antiguo de Londres, grabando algunos videos para nuestras redes sociales, se acercaron unas señoras ofreciéndose a tomarnos una foto. Supusieron que estábamos tomando una selfie porque no veían a nadie más con nosotros. Yo respondí fríamente con un simple "no", sin dar muchas explicaciones, ya que estábamos enfocados en grabar nuestras historias. Fue entonces cuando mi compadre me hizo notar que mi respuesta no había sido respetuosa ni empática. Su observación me hizo reflexionar sobre su admirable atención a los detalles y el cuidado que muestra hacia todas las personas

4. **Afectuosos**. Les gusta ayudar a los demás a tener éxito. Son una fuente de apoyo y motivación. Prestan atención a los sentimientos de los demás y tienen un corazón noble. No es difícil asociar a mi buen amigo Juan Carlos Barrios con la cualidad del afecto. Admito que mi primera impresión al conocerlo fue de inquietud e incluso precaución, debido a mi falta de familiaridad con expresar afecto hacia personas de género masculino. Frases como "Hermano, te amo" o "Gracias por estar en mi vida", me provocaban cierta incomodidad debido a mis creencias acerca de la amistad entre hombres. Sin embargo, en la actualidad puedo afirmar que su presencia y amistad han transformado mi perspectiva sobre las diversas formas de expresar cariño hacia otros seres humanos, sin importar su género. Hoy en día, puedo responder: "Gracias amigo, también te amo", sin que ello afecte mi percepción de la masculinidad.

A mis 38 años, he establecido relaciones sólidas, pero gracias a mi amigo Juan Carlos, he descubierto que los vínculos más hermosos son aquellos tejidos con amor.

5. **Buenos escuchas.** Hacen buenas preguntas y están dispuestos a aprender de los demás. Tienen la virtud de quedarse callados. Sin duda, Ana Mendoza, Directora de Relaciones Públicas, Promoción y Difusión del Centro Cultural Universitario de la UDG, es una de las personas en las que pienso cuando hablamos de saber escuchar.

Ana coordina varios *tours* mensuales dirigidos a empresarios, brindando una atención excepcional. Su enfoque principal radica en preguntarles a quienes la escuchan durante su recorrido: "¿Cómo se sintieron? ¿Cómo fue su experiencia?". Más que asumir un papel protagónico, aspira a cultivar su habilidad para escuchar con excelencia. Destaca por su capacidad de otorgar más espacio a las voces ajenas que a la propia.

6. **Comprometidos.** Su mentalidad se orienta hacia las soluciones y les apasiona lo que hacen. El compromiso es una cualidad que marca una diferencia significativa en la forma en que las personas abordan sus responsabilidades y metas.

Mi amiga Margarita Pasos se destaca como un modelo de compromiso en particular debido a la firmeza en sus promesas. Ella entiende que decir "sí" a demasiadas cosas puede llevar a la falta de compromiso real, ya que se vuelve imposible cumplir con todas las obligaciones asumidas. Por lo tanto, tiene la sabiduría de decir "no" de manera respetuosa cuando siente que no puede cumplir una promesa. Esta capacidad de establecer límites y priorizar sus compromisos demuestra una comprensión profunda del valor del tiempo y los recursos.

Decir "no" de manera responsable es una habilidad importante en el mundo actual, donde las demandas y las oportunidades pueden ser abrumadoras.

7. **Pacientes.** Reconocen que las relaciones requieren ser cultivadas a lo largo del tiempo. La mejor persona que conozco para cultivar sus conexiones se llama Enrique Estrada. Lo conocí cuando yo daba clases en la universidad; él era mi director y me di cuenta de la manera como cuidaba sus relaciones. Cuando comencé con el movimiento *Sinergético* lo busqué para que se uniera al proyecto, hoy forma parte de mi equipo y su labor es esencial en el área de relaciones humanas. Desde hace una década que lo conozco, dedica todos los lunes de 5 a 6 horas para enviarles mensajes a sus contactos. No he conocido a nadie con tanta paciencia como él, para construir vínculos en el largo plazo.

8. **Inteligentes.** Son conscientes de la ayuda que ofrecen. Comparten alto valor cada vez que pueden y hacen presentaciones útiles para los demás. Esta es una de las habilidades más importantes del capital social, y una de las personas más brillantes que conozco es mi amigo sacerdote, el Padre Buki. A medida que nuestra amistad se fortaleció, me di cuenta de su amplia red de contactos en el estado de Aguascalientes. Una de sus grandes cualidades es que siempre está buscando cómo ayudar a otros. Me enseñó que el acto más sublime de inteligencia radica en poner tu vida al servicio de los demás.

9. **Sociables.** Son amables, simpáticos y serviciales. Les gusta estar entre la gente y son felices de conectarse con otras personas. Son fuente de energía positiva. Recuerdo la primera vez que dicté una conferencia en la Expo

Guadalajara, ahí se acercó a conversar conmigo mi querido amigo Jesús Arreola, fundador y presidente de *50 Líderes*. Durante el encuentro, observé su capacidad para relacionarse con los demás. Conozco pocas personas que, como él, generen tantos ecosistemas de sinergia y disfruten tanto estar entre la gente.

10. **Conectados.** Construyen excelentes relaciones estratégicas.

En mis conferencias, siempre planteo dos interrogantes: ¿Quién tiene una amplia red de contactos? Y ¿Quién gana mucho dinero? La mayoría de las personas se concentra en establecer conexiones, pero no en edificar relaciones estratégicas. Alguien que continuamente me maravilla es mi buen amigo Fernando Anzures, CEO de EXMA. Él personifica un impresionante ejemplo de conectividad, al haber traído a oradores destacados a sus eventos, entre ellos a Tony Robbins, Barack Obama, Richard Branson, entre otros. En una ocasión, durante un desayuno en Miami, le planteé la pregunta: "¿Cuál es tu superpoder?". Su respuesta fue: "Soy como la ONU, nunca entro en conflictos con nadie".

Cultivar estos rasgos de personalidad nos ayuda a fortalecer nuestra capacidad de conectar con los demás y tener relaciones más fuertes dentro de nuestras redes.

Así como hay factores a tomar en cuenta para potenciar nuestras habilidades dentro del capital social, hay 5 errores en el manejo de nuestras conexiones que debemos evitar:

1. **Construir relaciones en espacios que no corresponden.**

   Un claro ejemplo: si mi deseo es convertirme en un conferencista de talla mundial, y me estoy relacionando con abogados, políticos o con quienes organizan la Fórmula Uno, aunque son buenas relaciones, no me llevarán al espacio de injerencia al que quiero llegar.

2. **Construir relaciones al nivel equivocado.**

   Recuerda que en un ecosistema hay personas que toman las decisiones (*insiders*), además de conectores y miembros. Si no has conseguido lo que quieres, pregúntate con quién y a qué nivel te estás relacionando, y si este es el correcto para lograr tus objetivos.

3. **No tener un sistema de evaluación.**

   Si no cuentas con una manera de medir el valor relativo de las conexiones que adquieres, puedes caer en la emoción de dejarte llevar por una amistad, pasar el rato o procrastinar. Si evalúas y te das cuenta de que es así, el mejor consejo es dejar de cultivar esa relación, pues no te llevará a lo que estás buscando y solo perderás tiempo.

4. **No contar con un sistema.**

   Muchas personas piensan que hacer *networking* es solo conocer una persona tras otra, y reunir un puñado de tarjetas de presentación. Si no cuentas con una estrategia para registrar y priorizar tus contactos, estos se perderán y no pasará absolutamente nada.

5. **No manejar el largo plazo.**

Antes de que las personas estén dispuestas a ayudar con las cosas importantes, deben conocerte, agradarles y que confíen en ti. Esto solo se logra con el contacto regular y del valor agregado a lo largo del tiempo.

La clave no es la cantidad de contactos que consigues; es el número de estos que conviertes en relaciones duraderas.

Tu capital social

A continuación, te invito a que hagas una lista de las 10 personas con más influencia a tu alrededor, para comenzar a administrar tu capital social. Te ayudará a identificar rápidamente quiénes son los *insiders*, y a reconocer a los conectores que debes cultivar para alcanzar tus objetivos.

1. _____
2. _____
3. _____
4. _____
5. _____
6. _____
7. _____
8. _____
9. _____
10. _____

Construir relaciones sólidas y significativas requiere tiempo, esfuerzo y compromiso. El capital social va más allá de las recompensas individuales. Cuando todos nos beneficiamos de relaciones sólidas, la comunidad en su conjunto se fortalece.

Administrar tus relaciones personales es parte de un proceso de evolución que implica responsabilidad, pues es fundamental mantener un equilibrio entre dar y recibir, cultivar conexiones auténticas y nutrir la confianza mutua.

Hay mucho más que explorar sobre este tema, y el seguimiento que debes llevar a cabo después de trabajar tu capital social. En mi próximo libro, sobre *networking* sinergético y marca personal, ahondaré más sobre estos conceptos.

Lo primordial ahora es que a través de la mentalidad, el autoconocimiento, la sinergia y cada una de las herramientas que hay en este libro, te visualices como alguien capaz de alcanzar todo lo que te propongas. Sin importar en qué punto te encuentres, graba en tu mente estas palabras: *si yo pude, tú puedes.*

"Mira de cerca al presente que estás construyendo, porque debe parecerse al futuro con el que sueñas".

—Alice Walker

Pepitas sinergéticas:

- Para avanzar y crecer en la mayoría de los ámbitos, necesitamos tener buenas relaciones, entender el juego y jugarlo de forma correcta.

- La pregunta no es cómo puedo estar más conectado, sino cómo puedo identificar y nutrir las conexiones importantes que acelerarán mi éxito.

- No se trata solo de lo bueno que eres, sino de las personas que conoces y de cómo estás dispuesto a mantenerte conectado con ellas.

- Las cosas de gran valor en los negocios vendrán de alguien a quien conozcas y en quien confíes.

- El capital social es tu activo más poderoso.

- Antes de pedir algo a los demás, debemos enfocarnos en cómo aportarles valor.

- Antes de ingresar a un ecosistema necesitas reconocer al *insider,* la persona de más poder y más influencia dentro del grupo.

- Identifica al conector que te llevará al *insider.*

- Construir relaciones sólidas y significativas requiere tiempo, esfuerzo y compromiso.

Las personas sinergéticas se comprometen a voluntad cuando creen en un proyecto, ideología o filosofía.

Las personas sinergéticas trabajan en equipo, porque así se llega más lejos y con mayor eficiencia que solos.

Las personas sinergéticas suman sus talentos y habilidades para alcanzar de manera eficiente un objetivo en común.

Las personas sinergéticas son esos ángeles que brindan ayuda cuando nadie los ve.

Capítulo 9

SINTONIZANDO CON EL CORAZÓN

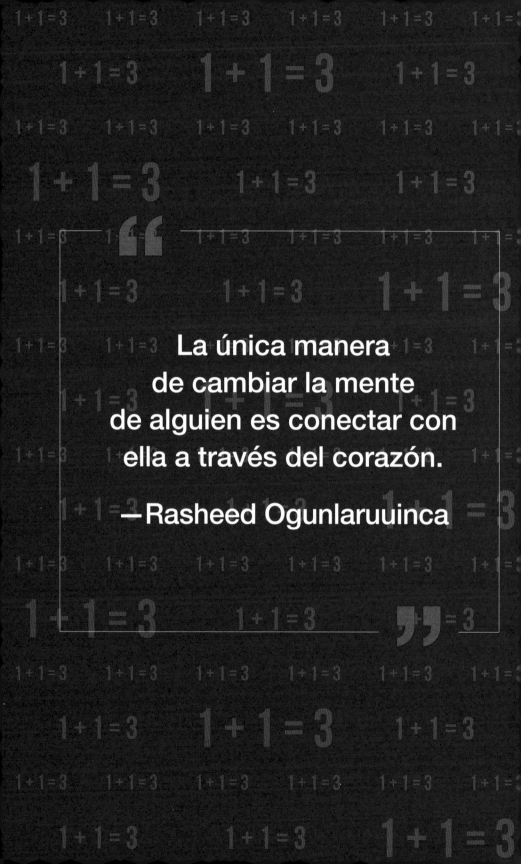

"

La única manera
de cambiar la mente
de alguien es conectar con
ella a través del corazón.

—Rasheed Ogunlaruuinca

"

Hemos llegado al último capítulo de este libro, y paralelo a ello, me encuentro escribiendo desde un hotel templario en Ponferrada, España, a punto de comenzar lo que por más de 20 años ha sido un inmenso deseo, recorrer lo que fue la ruta de peregrinación cristiana más importante de la Europa medieval: "El Camino de Santiago".

Este recorrido es un conjunto de rutas dirigidas a la tumba de Santiago el Mayor —uno de los 12 apóstoles de Jesucristo—, situada en la catedral de Santiago de Compostela.

En esta hermosa aventura de más de 250 km de camino a pie, me acompañan dos grandes seres humanos, Miguel, y mi gran amigo y mentor espiritual, el padre Bucky.

El padre tiene muchos amigos que han ido al Camino de Santiago y, confiando en su experiencia, dejé toda la planeación del viaje en sus manos. Antes de partir a España me dijo que tenía todo listo. Para mi sorpresa, mientras comía unas ricas tapas en un restaurante de Madrid, cerca de la puerta de Alcalá, me di cuenta de que el padre Bucky no tenía reservado ningún hotel para el recorrido que iniciaba al siguiente día en Ponferrada. Preocupado, le pregunté:

—Padre, ¿dónde pasaremos la noche de mañana?

—Llegando a Ponferrada buscaremos dónde quedarnos, —me contestó.

Me invadió la angustia al enterarme de que no había reservaciones de hotel. Yo sabía que esta aventura me tendría retos inesperados, pero quedé en *shock* porque era Semana Santa, y sabía que todo iba a estar ocupado.

El padre, al darse cuenta de mi intranquilidad, y para hacerme desatinar, me dijo:

—No te preocupes, Jorge —con risa graciosa—, nos podemos quedar en un hostal, en un parque o en la banca de un templo, en fin, donde nos agarre la noche.

Yo no sabía lo que era un hostal, y en ese instante busqué en internet. Me sorprendí al ver la foto de una habitación con 40 literas. Para mí, el descanso es muy importante. Me cuesta trabajo dormir con más personas, ya que tengo el sueño muy ligero y me despierto al primer ronquido, pero la principal razón es que no quería estar agotado, porque sabía que el camino requería esfuerzo.

De inmediato, en medio de mi angustia y enojo, comencé a buscar hoteles en internet y, como lo supuse, estaba todo ocupado, no había ninguna habitación disponible.

Ponferrada está a 400 km de distancia de Madrid, y tampoco teníamos reservado ningún transporte. Desesperado, comencé a buscar aviones o trenes, pero no encontré disponibles. La única opción fue irnos en unos autobuses que hacían parada en diferentes pueblos; de hecho, tuvimos que viajar por separado porque ya no había suficientes lugares.

El trayecto de Madrid a la ciudad de Ponferrada fue una verdadera travesía. Durante el viaje, contacté con un personaje maravilloso, José Mari, que hacía tiempo me había escrito por redes sociales ofreciendo sus servicios de guía para el Camino de Santiago. José, a pesar de ser Semana Santa, se encargó de encontrarnos dónde dormir cómodamente cada noche. No paraba de decirme: "Uff, qué suerte tienes, tío", cada vez que conseguía un lugar disponible para nosotros. Él me dio el mejor consejo justo antes de emprender el camino: "Yo me voy a encargar de todos los detalles, pero tú tienes que empezar a ver lo esencial, y esto solo se ve con el corazón".

Después de cinco largas horas de camino, finalmente llegamos. Todo mi descontento desapareció al sumergirme en la belleza y la historia de esta ciudad, contemplar el castillo de los Caballeros Templarios, construido en el siglo XII; la Catedral de Astorga, con sus maravillosos tesoros artísticos y La Torre del Reloj, que es la única de las antiguas puertas de la muralla medieval que aún se mantiene en pie.

Esa noche, antes de nuestro primer día de recorrido, me crucé con un hombre que venía desde Japón para andar el Camino de Santiago. Lo vi llegar tambaleándose de cansancio; caminaba lento y, aunque parecía que se iba a caer, mantenía una gran actitud y una sonrisa de oreja a oreja.

El japonés había comenzado su peregrinación desde Francia, llevaba 17 días caminando más de 25 km diarios. Lo que para mí era el inicio, para él representaba aún 10 días más de recorrido.

Se acercó velozmente mientras me gritaba: "¡Amigo, amigo!". Sorprendido, le sonreí, y de inmediato sacó un llamativo iPhone amarillo y me tomó una foto. Se sentó en una banca junto a mí, suspirando profundamente. Se reía mientras se quitaba los zapatos; me sorprendí mucho al ver sus pies. No comprendía por qué se reía tanto, si los tenía destrozados por las ampollas.

Durante el camino, tus pies son lo más importante, cada día hay que caminar de 20 a 30 kilómetros, y lo peor que te puede pasar es que se te forme una ampolla, porque el dolor al caminar se vuelve insoportable. No comprendía cómo el japonés podía seguir caminando con sus pies en esas condiciones.

A la mañana siguiente preparé mi mochila, y a las 8 a. m. nos pusimos en marcha. Estábamos frescos y llenos de energía, nuestro paso firme y largo nos permitía rebasar a todos los demás peregrinos. Al poco tiempo, en el camino nos encontramos de nuevo con el japonés del iPhone amarillo, quien había salido tres horas antes que nosotros; lo rebasamos al instante porque, debido a las ampollas, caminaba con mucha dificultad. A pesar de su dolor, me miró sonriente, y de nuevo me saludó diciendo: "¡Amigo, amigo!".

Horas más tarde, nos detuvimos a descansar en un pastizal hermoso. El padre Bucky aprovechó para explicarnos a Miguel y a mí cómo sería la logística de la peregrinación. Nos comentó que durante el trayecto, cada uno sería libre de hacer, sentir y expresar lo que quisiera, podíamos parar las veces que fuera necesario, llorar si así lo sentíamos, o bien, mantenernos en silencio. Definimos algún punto de encuentro para vernos por si alguien se retrasaba o adelantaba, la idea era que cada uno fuera a su paso. Fue un momento muy especial en el que oramos, conectamos y nos sintonizamos unos con otros. Ahí, el padre Bucky nos dijo lo más importante:

—Durante el trayecto, cada uno puede decidir ser un caminante o convertirse en un peregrino. Puedes atravesar por el camino, simplemente transitarlo o permitir que el camino te atraviese. Si te atreves a hacerlo, terminarás trasformado y te convertirás en un peregrino de vida.

Ese fue el momento en el que comencé mi peregrinación por el Camino de Santiago de Compostela.

Mientras el padre nos daba esas indicaciones, vi de nuevo pasar al japonés del iPhone amarillo, con paso arrastrado y cara de cansancio. Debo confesar que al verlo, a pesar de su gran actitud, pensé que él no sería capaz de llegar al siguiente punto, pero lo logró.

En nuestra última parada para descansar ese día, sentí que algo me molestaba en el pie derecho. Al quitarme la calceta noté que tenía una ampolla en el dedo meñique. No entendí cómo se había formado, traía zapatos especiales, calcetas, vendaje, y apliqué todas las recomendaciones que me habían dado, pero a pesar de ir preparado, la ampolla se formó. Cuando me preguntaba cómo soportaría el dolor durante el resto del camino, ya que apenas era mi primer día y faltaban muchos kilómetros más por recorrer, sin decírselo a nadie, solo pensé: *si el japonés puede con tantas ampollas, yo también puedo.*

Mientras mi mente daba vueltas, recordé todo lo que he compartido a lo largo de este libro: *tu repetición es tu reputación; en lo que te enfocas, crece; tu mentalidad es determinante para tu resultado,* etcétera. Ese momento de reflexión me sirvió para ralentizar el paso.

La única manera de seguir con éxito era cuidar que la ampolla no creciera y que no se me formara otra. Ahí comprendí que no había prisa, por lo que administré muy bien mis tiempos de caminata y descanso.

Por las mañanas avanzamos con calma y en paz, acompañados del majestuoso paisaje y del canto de las aves. Mi mente en silencio únicamente era interrumpida por alguna profunda reflexión. Las palabras se volvían innecesarias porque la comunicación iba mucho más allá de la voz. A cada paso, era más y más consciente de las respuestas que solo se encuentran en mi interior.

Esa introspección se pausaba solo al llegar al próximo albergue a descansar y retomar fuerza para el día siguiente y, entonces, sumergirnos de nuevo en esa profunda meditación que nos lleva a cuestionarlo todo y reencontrarnos con nuestra luz y oscuridad. El tiempo pierde sentido cuando descubres lo que significa que el camino pase por ti.

Eso fue justo lo que experimenté escuchando a mi tercer acompañante: el libro de *El Alquimista,* que a mis 18 años cautivó mi alma y cambió mi destino, a pesar de que en aquella época no estaba listo para comprender el verdadero significado de la leyenda personal. Pero ahora, en este silencio, es posible ver con claridad, reconocer aquello que quizá ya sabíamos, pero olvidamos; eso que habíamos oído, pero no escuchamos.

Hoy, cada palabra cobra sentido, y descubro que esa leyenda personal, de la que hablaba Santiago —el protagonista—, es la misión que cada persona debe cumplir en la tierra para encontrar la plenitud.

Durante los siguientes días, sobreponiéndome al dolor de la ampolla, comenzábamos el viaje puntuales a las 8:00 a. m. El japonés iniciaba a las 5:00 a. m., y siempre a la mitad del camino lo pasábamos. Cada vez que lo veía le gritaba: "¡Amigo, amigo!", porque eran las únicas palabras en español que él entendía. Lo veíamos al menos una vez al día, siempre con su particular sonrisa, su iPhone amarillo y un pequeño ukulele que llevaba sobre la espalda.

Después de subir por cuatro horas y llegar a la cima de la colina de O Cebreiro, en Galicia, contemplé uno de los paisajes más extraordinarios que jamás haya visto. Intenté capturar la hermosa vista con una foto, pero la cámara no le hacia justicia a los colores y texturas que la naturaleza me regalaba. Decidí sentarme y dejarme atrapar por la belleza del paisaje. Por un instante, mientras contemplaba ese majestuoso lugar, el tiempo se detuvo. Sentí una profunda conexión con todos y con todo a mi alrededor, un sentimiento de paz invadió todo mi ser. De repente, unas palabras interrumpieron ese silencio: "¡Amigo, amigo!".

De nuevo, se trataba de mi amigo el japonés, me pregunté cómo era capaz de mantenerse firme, llevaba más de 20 días caminando y, aunque se veía cansado y con sus pies destrozados, siempre llevaba una gran sonrisa.

Se sentó a mi lado y contemplamos juntos el paisaje. Aproveché para preguntarle la razón por la que estaba recorriendo el Camino de Santiago, qué era lo que lo había llevado hasta ahí, pero en especial, por qué estaba tan feliz. Hizo una pausa y respiró profundamente, me miró a los ojos y en un inglés poco fluido me dijo:

—Amigo, mi país es grandioso, y aunque somos la tercera economía más grande del mundo, también tenemos los primeros lugares en tasa de suicidios. La fatiga del trabajo intenso acarrea una profunda depresión. En Japón nos enseñan

211

a trabajar y vivir por dinero, pero nunca nos enseñan a ver con el corazón.

Con los ojos humedecidos, continuó:

—Antes de venir, yo era parte de esa estadística, estaba desesperado, tenía el alma rota y buscaba la manera de quitarme la vida. El Camino de Santiago fue mi último recurso para buscar una salida.

Escucharlo fue de gran impacto; entendí cómo cada persona tiene su propia leyenda personal: lo que para mí significaba un momento de gran reflexión y conexión con mi ser, para él significaba su salvación.

Hay personas que viven una vida entera sin darse el permiso de conectar con el corazón, no alcanzan a ver lo esencial. Yo era una de ellas. El japonés fue para mí lo que el zorro al principito; lo que el Alquimista a Santiago y lo que Jesucristo al apóstol. Aunque fueron pocas nuestras pláticas, yo estaba listo para recibir el mensaje: aprender a ver con el corazón.

Vivimos el día a día en modo automático, rara vez estamos en presencia plena de lo que sucede aquí y ahora, nuestra atención permanece en la urgencia de las cosas y en lo que el mañana nos depara. Nos vemos bombardeados de un sinfín de circunstancias que nos desconectan del presente; queremos controlarlo todo y, al final, nos perdemos de estar plenos. Cada flor, cada nube, cada detalle, por insignificantes que parezcan, están ahí para deleitarnos.

A la mitad de nuestro recorrido, comenzó a ocurrir la magia. Un día, repentinamente, me despertó una voz, como si alguien me hablara diciendo: "fluye, fluye, fluye". En esos momentos vino a mi mente mi amigo Mauricio, un empresario que cambió su mundo de los negocios para dejarse fluir por la vida. Fluye, es su palabra favorita.

Lo primero que hice al despertarme fue enviarle un mensaje de audio para decirle: "Mauricio, no sé si soñé contigo, pero me pasó esto…, sé que el mensaje era para mí y, hoy, amigo, voy a fluir". Ese día, mi caminar fue distinto rumbo a Palas de Rey, me sentía ligero, conectaba de una manera especial con todo, el río me parecía espectacular, su sonido murmuraba paz, los pájaros, la sensación de las piedras en mi botas, incluso, el aire frío que entraba por mi nariz… Disfruté hasta el simple hecho de tomar agua, me sabía como la más rica del mundo mundial.

De pronto, puse la canción *La montaña,* de Roberto Carlos, miré hacia el cielo y comencé a cantar:

"Voy a seguir, una luz en lo alto.
Voy a oír, una voz que me llama voy a subir la montaña y estar aún más cerca de Dios y rezar…".

Por primera vez la canté completa sin sentir dolor, y me invadieron unas ganas inmensas de llorar de felicidad. Fue un momento mágico.

Aunque José Mari hizo un gran trabajo en tiempo récord, al conseguirnos lindos hoteles para descansar, cuando comencé a fluir, dejé de preocuparme si dormía en una habitación solo o acompañado; si no iba a dormir, si me iba a ampollar o si me iba a llevar diez horas el camino. Fluir hizo la diferencia.

A partir de ese momento se fueron las dudas, el miedo, la preocupación de cómo estaban mis hijas y mi esposa, se disolvió la angustia del trabajo, los negocios, el fideicomiso, la marca personal, los clientes del despacho, de la agencia de *marketing*… solo fluía.

Me di cuenta de cómo mi mente con frecuencia vive en el pasado, en mi historia, que cuento con tanto orgullo y vulnerabilidad. Otras veces, se vuelca al futuro, con pendientes, compromisos, pagos, etcétera.

Cada paso de esta peregrinación me fue llevando a hacerme más y más presente. Me percaté de cuántas cosas dejamos de disfrutar por no permitirnos conectar con la naturaleza y con nosotros mismos. Las cosas y regalos de la vida siempre han estado ahí… el que no estaba era yo.

Me he hospedado en los mejores hoteles del mundo, pero para mi sorpresa, la mejor cama la descubrí recostado en el césped, al lado, mis amigas las hormigas, con una vista al manto estelar que me dejó sin aliento.

Entendí que para recibir, primero había que soltar. Me vacié por completo de prejuicios, apariencias y expectativas, y como resultado, esta travesía me regaló seis hermosas enseñanzas que quiero compartir contigo.

1. En la lentitud se resalta la belleza

Reconozco que tengo un *chip* que me dice que debo ir aprisa, que "entre más rápido, mejor". En este camino entendí que ir rápido es igual a ir inconsciente.

En el internado aprendí a comer apresurado por miedo a que se terminara la comida y, sin darme cuenta, me quedé con ese hábito. Ahora que soy consciente de ello, como despacio, y me doy la oportunidad de disfrutar cada platillo.

Todo es perfecto, ir rápido es como haber llegado en avión a Ponferrada. De haber sido así, no hubiera visto los paisajes, las montañas ni los molinos. No hubiera conectado con mi amigo José Mari, ni hubiera gozado tanto llegar finalmente a ese pueblo mítico.

Ir rápido hace que te pierdas de lo majestuoso de cada instante. Si de igual forma todos vamos a llegar a nuestro destino, mejor caminar consciente pero firme, como mi amigo el japonés del iPhone amarillo, a quien le tomaba 14 horas recorrer —siempre sonriendo— lo que a mí me tomaba solo 5. Al final, acelerar el paso solo deja ampollas.

2. Permite que alguien más te lleve la mochila

Durante todo el Camino a Santiago, hay personas que se encargan de llevar tu equipaje de pueblo en pueblo, porque, después de caminar por varios kilómetros, incluso una pequeña mochila que parece ligera, se vuelve una pesada carga para tu espalda.

Desde el inicio entregué mi equipaje, solo me quedé con un pequeño morral con cuatro cosas: mi celular, una cámara, un cargador y un libro.

El padre Bucky llevaba una mochila llena de cosas, que en un principio no quería que nadie más cargara. Para él, llevarla en su espalda significaba darse cuenta del peso que cargamos en la vida. ¿Por qué pedir que otro cargue lo que tú no has intentado cargar? ¿Cómo soltar si no conoces tu carga? Finalmente, cuando se sintió listo para soltar y con un hombro lastimado por el peso, entregó su mochila.

La sinergia también significa estar dispuesto a compartir nuestras cargas con otras personas.

Viaja ligero, viaja contigo, viaja en paz.

3. Nadie puede recorrer el camino por ti

Como te comenté, durante el Camino a Santiago puedes contratar, por cuatro euros, una compañía para que te cargue las cosas. Puedes contactar a José Mari como tu guía para simplificar tu camino. En otras palabras, puedes aligerar la carga tanto como lo desees a través de la sinergia. Pero, sin importar a quién conozcas ni cuánto dinero tengas, nadie puede mover tu cuerpo por ti, porque una cosa es aligerar tu carga y otra quedarte estático.

El camino del éxito es largo y no hay atajos, no queda más opción que caminarlo. Todos los que inician en redes sociales quieren ser entrevistados por gente famosa y que tiene una buena audiencia. En mi pódcast *Sinergéticos* tengo más de 300 solicitudes de personas que quieren participar ahí, esperando que mi espacio impulse su carrera. Sin embargo, es difícil que una sola entrevista detone la trayectoria de una persona, si no hay detrás un trabajo consistente de creación de contenido de valor.

Al principio, cuando empecé en redes sociales nadie me invitaba, pero en lugar de esperar sentado, me pregunté qué tenía que hacer para que eso sucediera. Trabajé muy duro, hasta que poco a poco mi pódcast y mi marca personal comenzaron a crecer, y entonces, me voltearon a ver.

Al final del día, nadie va a hacer el trabajo que te corresponde. El camino lo tienes que recorrer tú.

4. Tu salud es tu verdadera riqueza

Me considero una persona con una mentalidad determinante, pero la realidad es que no dedico un tiempo sagrado a cuidar mi salud, como sí lo tengo para mi familia, mi trabajo, mis redes sociales o para visualizar y meditar. En esta aventura de introspección, comprendí que nuestro cuerpo es el vehículo para transitar por esta vida.

Al Camino de Santiago van muchas personas: delgados, con sobrepeso, altos, bajos, jóvenes, mayores, y algunas de ellas no terminan porque se desgarran o se lastiman.

En mi trayecto, conocí a unos griegos de 75 años que se veían fuertes, poderosos, caminaban sin quejarse y con una vitalidad que superaba por mucho la mía. En mi caso, hubo un momento del camino en el que me estaba desmayando, y tuvieron que darme un chocolate para volver a tomar fuerza.

Hoy en día, tengo 38 años y peso 93 kilos. Aunque no tengo sobrepeso y mantengo una rutina de tres comidas al día, junto con mis colaciones, así como mi práctica de tenis cuatro veces a la semana, he notado que a veces descuido mi salud. Pueden pasar de dos a cuatro días sin que haga ejercicio, y me hace reflexionar: ¿por qué a menudo nos descuidamos tanto en lo que respecta a nuestra salud? ¿Qué nos impide mantenernos al 100%? ¿Por qué, con frecuencia, terminamos enfrentando problemas de salud como la diabetes, el colesterol alto o la hipertensión?

Es crucial recordar que en nuestro viaje por la vida y en la búsqueda de nuestras metas, nuestra verdadera riqueza es la salud. Te invito a que hagas de cuidar tu salud una prioridad.

5. Sintoniza con el corazón

Durante el trayecto me encontré con personas de diferentes países y culturas. A pesar de que no todos hablábamos el mismo idioma, nos conectamos al vibrar en la misma frecuencia. De alguna manera, nos sintonizamos con el corazón, no era necesario pronunciar palabras, con solo mirarnos podíamos compartir la alegría de estar vivos, recorriendo ese extraordinario camino.

Sintonizar implica conexión emocional con los otros de manera auténtica desde el amor y la compasión.

Cuando nos sintonizamos desde el corazón logramos conexiones profundas y auténticas, creamos un espacio seguro donde las personas se sienten identificadas y comprendidas.

La única forma de cambiar las organizaciones, los países y el planeta entero es cambiando un corazón. Uno solo puede hacer la diferencia cuando su transformación se ve reflejada en el impacto que genera en quienes le rodean.

El corazón de mi mamá siempre fue bueno, aunque en forma cometió muchos errores, nunca negoció en su fondo; todo lo que hizo fue desde el amor. Hoy me dice: "Jorge, tú eres mi recompensa, todas mis amigas me dicen: "Yo quiero un hijo como el tuyo".

Ahora más que nunca, estoy convencido de que todo sucede por algo, al final todo es perfecto, aunque en el momento presente no lo podamos ver.

Quizá te encuentres fuera de sintonía con tu corazón, no te agobies por ello, solo permítete hacer una pausa para escucharlo. Te aseguro que hacerlo te llevará a encontrar los hilos invisibles hacia otros corazones, de tal forma que puedas conectarte en amor y sinergia contigo y con quienes te rodean.

6. Todo termina

En nuestro último día, antes de llegar a la iglesia de Santiago de Compostela, pude darme cuenta de que, sin duda, este viaje ha sido una de las más iluminadoras experiencias, ha significado un antes y un después en mi vida, pero como todo, el camino finalmente se termina, al igual que nuestro paso por la vida.

Como afirma mi amigo Simon Cohen en su libro *PLENO,* el día que nacemos comenzamos a morir, entre más conscientes estemos de ello, más disfrutaremos nuestro paso por este mundo. Goza cada instante, cada experiencia, mantente presente y en paz, tanto con las cosas buenas como con las malas, en especial… contigo mismo.

Pese a lo agradecido que estoy por la experiencia, en este momento tengo sentimientos encontrados: por un lado, me siento inundado de felicidad, culminando este sueño tan esperado; por otro, muy triste, porque mi mamá está pasando por una prueba de salud muy fuerte, luchando por segunda vez contra el cáncer. Hace 7 años había salido triunfante de esa batalla, pero recientemente, justo antes de iniciar mi viaje a España, le dieron la noticia de que el cáncer había regresado.

Esto me hace reflexionar que, haga lo que haga, por más que la quiera a mi lado, el camino de mi madre en algún momento va a llegar a su fin; es parte de la vida.

Ahora que me encuentro a tantos kilómetros de distancia de ella, reconozco que, tal vez, no me he tomado el tiempo suficiente para agradecerle por todas aquellas cosas que ha hecho por mí.

Como decía Lao Tse: "El agradecimiento es la memoria del corazón". Quiero dejar plasmado en estas páginas de mi primer libro, un mensaje de gratitud para mi amada madre…

Mamita:

Te valoro y amo de verdad, no hay manera de que pueda pagar lo que desde el corazón has hecho por mí.

Gracias infinitas por darme la vida.

Gracias por dejarme en el internado, porque pese a las circunstancias, siempre has sido mi familia y, si no hubiera sido por lo que me pasó, mi vida no sería la misma.

Gracias, porque cuando estaba en la oscuridad después de mi accidente, estuviste todo el tiempo a mi lado, iluminando mi vida con tus oraciones y amor.

Gracias por hablarme siempre con la verdad, y nunca hablar mal de mi papá.

Gracias por acompañarme a ver al Ing. Bernal de la Parra y hacerle esos burritos de machaca, pero especialmente, por convencerlo de que confiara en mí cuando nadie más lo hacía.

Gracias por darme dos maravillosos hermanos, a los que amo profundamente.

Gracias, porque en tu mirada siempre me muestras el gran orgullo que sientes por mí.

Gracias por tu alegría cuando juegas y compartes tiempo con mis hijas.

Gracias por ser una guerrera, por luchar a pesar del frío y el hambre; porque en esos momentos tan difíciles no te diste por vencida.

Gracias por hacer todo lo que pudiste con lo que tenías.

¡Siempre estaré en deuda contigo!

Con todo mi amor, honro tu vida y te dedico este libro.

Tu hijo, Jorge Serratos

SINERGÉTICOS

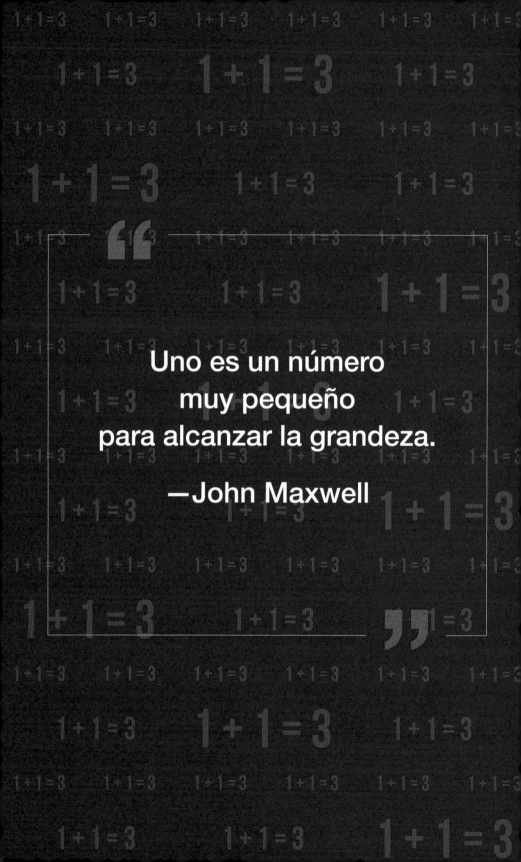

"

Uno es un número
muy pequeño
para alcanzar la grandeza.

—John Maxwell

"

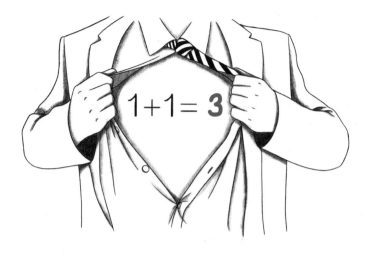

El Camino de Santiago reforzó en mí la idea de que todos venimos de la misma fuente, y necesitamos estar en sintonía para transformar el mundo.

He llegado hasta donde estoy, gracias a todos los ángeles que se cruzaron en mi vida para hacer sinergia. Son tantos nombres que me es imposible mencionarlos sin omitir alguno. Soy lo que soy, gracias a que conectaron su corazón conmigo y, de una u otra forma, dejaron su huella en mí.

Creo firmemente que hay muchos Jorge Serratos allá afuera, que aun en medio de la soledad y el dolor, tienen la esperanza y el hambre de transformar sus vidas. Solo necesitan que aparezca ese ángel en su camino que los impulse a creer en ellos mismos, y esté dispuesto a darles la mano para sumar y hacer sinergia. ¡Ese ángel puedes ser tú!

225

Te invito a no dejar este libro en letra muerta, confía en que tienes el poder de impactar en la vida de otros seres humanos y, por qué no, juntos, detonar una cadena de favores. Tú y yo somos esos ángeles que el mundo está esperando. Seamos protagonistas de una nueva era, en donde todos comprendan, como mi hija Ximenita, que *compartir es bueno*.

Recientemente, entrevisté en mi pódcast a mi querido amigo Jaime Lokier, conferencista y entrenador de venta directa y redes de mercadeo. Tocamos temas de liderazgo y de cómo un verdadero líder es capaz de crear un movimiento que no muera con el tiempo.

Durante la entrevista, Jaime me dio, quizá, el consejo más importante que podría recibir. Le pregunté: ¿Cómo ves el movimiento *Sinergético*?, él respondió:

> Se ve muy noble, el objetivo es maravilloso, es un movimiento que construye, además de que está teniendo un gran crecimiento.
>
> Si me permites criticarlo, su debilidad es que todavía depende de una persona, que eres tú. Corre el peligro de que cuando ya no estés, el movimiento se acabe, y eso es lo que no debe ocurrir si quieres que este movimiento trascienda.
>
> Sería increíble que siga creciendo e impacte mucho más allá de lo que alcancen tus manos.

Reflexioné por varios días lo que Jaime me dijo y me di cuenta de que tenía toda la razón. *Soy lento, pero no tonto*.

Entendí que un movimiento es un fenómeno en el cual existen muchas personas orientadas a lograr un mismo objetivo, no sola una. Sé que para que este movimiento *Sinergético* se descentralice de Jorge Serratos, se requiere estar dispuesto a intercambiar gloria por inmortalidad.

Es por eso que, a la par de el lanzamiento de este libro, inauguramos también la **Fundación Sinergética,** cuyo propósito es brindar apoyo a los niños que residen en albergues e internados. Gran parte de las ventas de este libro se destinarán a este hermoso proyecto. Si sientes en tu corazón el deseo de ser parte de esta cadena de favores, te invito a que lo recomiendes a tus amigos y familiares. Creemos firmemente que juntos podemos marcar la diferencia en la vida de estos pequeños. Por ello, querido lector, mi llamado para ti, es que "mi legado" se convierta en "nuestro legado". Que a través de estas páginas sintonicemos desde el corazón y nos hagamos "uno" con este sueño.

Que comuniquemos juntos el mensaje de sinergia con cada persona que se cruce en nuestro camino, y que a través de nuestro ejemplo la gente comprenda que *el bien individual está en el bien común*, que juntos, podemos dejar una huella imborrable en este mundo.

Te invito a que, al igual que yo, te pongas la camiseta de **1+1= 3**. En lo personal, la traigo puesta todos los días, porque es parte de mí, no solo cuando grabo o estoy en un escenario, sino cada día, cada minuto, incluso, cuando nadie me ve: esa es mi manera de gritar al mundo que soy sinergético.

Mi deseo más grande es que un día, caminando por la calle, me encuentre contigo y te reconozca por traer puesta la camiseta de **1+1= 3**. Entonces, sea yo quien te detenga, te pida una foto, entusiasmado te dé un fuerte abrazo y te diga: "Hola, amigo, mi nombre es Jorge Serratos y **yo también soy sinergético**".

"No es cuestión de creer en un mundo mejor ni de esperar con los brazos cruzados. Si nos involucramos y somos protagonistas, seguro crearemos un mundo mucho mejor".

—Tony Potosino

El Dr. Jorge Serratos es un reconocido acelerador sinergético de negocios y un pionero en la esfera empresarial. Su amplia formación académica, reflejada en títulos como Doctor en Derecho, Doctor en Educación y un Doctorado Honoris Causa otorgado por su creación del movimiento Sinergético, evidencia su compromiso con la excelencia y la innovación.

No sólo es un empresario de éxito, sino que también es una voz respetada en el ámbito internacional. Ha compartido su visión y experiencia en prestigiosos escenarios como TEDx y como speaker en distintos eventos alrededor del mundo.

Con una comunidad que supera los 5 millones de seguidores en redes sociales, El Dr. Serratos es una figura inspiracional para todos aquellos que buscan transformar ideas en realidades tangibles y exitosas.

A través de su trabajo y visión, lleva el concepto "1 + 1 = 3" a todos los países hispanohablantes, promoviendo la sinergia, integración y trabajo en equipo como pilares fundamentales en la construcción de proyectos exitosos.

Como fundador y CEO de Grupo Serlo, ha consolidado un conglomerado de empresas exitosas en distintas áreas. Entre ellas destacan:

Sinertegia: Agencia líder en estrategia digital.

Sinertegia Academy: Academia para formar a los líderes del mañana.

Starion Capital: Inversiones y gestión de capital.

ASL Corporativo: Despacho fiscal, contable y jurídico con enfoque moderno y profesional.

SINERGÉTICOS
PODCAST CON JORGE SERRATOS

Pódcast Sinergéticos: El cual se ha posicionado como el número 1 en el ranking de negocios de Spotify en México.

WAS Editorial: Prestigiosa casa editorial responsable de publicar obras de varios autores bestseller.

Jorge Serratos

 @jorgeserratosf
@sinergeticos

 Jorge Serratos

 Sinergeticos

 Sinergeticos
Jorge Serratos

 @jorgeserratosf
@Sinergeticos

SINERGÉTICOS

La sinergia puede transformar tu vida

De Jorge Serratos, se terminó de imprimir en octubre de 2023
en Querétaro, Qro.
Esta impresión consta de 5000 ejemplares.